하나님의 자녀다운

청지기

임택진 지음

한국장로교출판사

하나님의 자녀다운 청지기

초판발행 2000년 3월 30일
3쇄발행 2013년 7월 15일

지 은 이 임 택 진
펴 낸 이 채 형 욱
펴 낸 곳 한국장로교출판사
주 소 110-470 / 서울 종로구 연지동 135 한국교회100주년기념관 별관
전 화 (02) 741-4381 / 팩스 741-7886
영 업 국 (031) 944-4340 / 팩스 944-2623
등 록 No. 1-84(1951. 8. 3.)

ISBN 978-89-398-0846-1 / Printed in Korea
값 8,000원

편 집 장 정현선
업무차장 박호애 **영업차장** 박창원

머리말

그리스도의 몸인 교회는 하나님의 백성들의 모임으로서 교회가 해야 할 사명이 있다. 또한 교회는 하나님의 뜻을 이 땅에 실현하는 기관이므로 그 사명을 충실하게 이행하여야 한다.

교회가 해야 할 일은 두말할 것 없이 선교 · 교육 · 봉사로 집약될 수 있다. 교회마다 새해가 되면 새롭게 제직을 임명하여 각각의 직분에 따라 교회의 크고 작은 일을 맡겨서 일년 동안 봉사하게 한다.

교회가 교회 되기 위해서는 맡은 바 직분자들이 각각 자기 직분을 충실하게 실행해야 한다. 그러나 직분자들이 무엇을 어떻게 해야 하는지, 왜 그 일을 해야 하는지에 대하여 잘 이해하지 못하고 교회를 섬기다 보면 뜻하지 않은 어려운 일을 만나게 된다. 그래서 제직훈련과 교육 프로그램을 개설하여 교육과 훈련을 하게 된다.

교회의 크기나 형편이 다양한 만큼 제직훈련과 교육을 위한 교재도 다양한 교재가 있어서 형편에 따라 또 계획적인 교육을 할 수 있도록 했으면 하는 바램이다. 그러나 아직까지 교회의 직분자들을 위한 체계적인 훈련교재가 많지 못한 아쉬움이 있다.

몇 해 전에 미국장로교총회교육부에서 기획편집 발행한 한국이민교회를 위한 「충성된 일꾼이 되는 길」이라는 제직훈련 교재가 출간되어 이민교회에서 절찬리에 활용되고 있다. 이 교재는 미국 이민교회의 상황에 맞게 편집되어 있으나 한국교회에서도 그 자료를 참고하기를 원하는 요청이 많이 있었다.

그래서 그 자료를 그대로 발행할 수는 없고 한국교회에도 적용될 수 있는 부분만을 활용하기로 하여 원저자인 최창욱, 김선배 목사와 미국장로교 한국어자료개발실 김춘자 목사의 양해를 얻어서 원자료를 참고하여 다시 한국상황에 맞게 새롭게 편집 저술하여 「하나님의 자녀다운 청지기」이라는 제목으로 출간하게 되었다.

이렇게 새롭게 글을 다시 써주신 증경총회장 임택진 목사님과 원자료 인용과 참고하도록 기쁘게 허락해 주신 최창욱, 김선배, 김춘자 목사에게 다시 한번 감사의 뜻을 전하며, 편집제작을 위해서 수고한 출판사 직원들에게도 감사를 전한다.

1999년 12월 일

편집자 김 봉 익

차 례

제 1 부

이 론

1. 교회란 무엇인가?

목 적 : 성경에 나타난 교회의 본질과 사명을 배운다.
목 표 : 1. 교회의 본질 두 가지를 배우고
2. 교회의 네 가지 특징을 알아보고
3. 교회의 네 가지 사명을 익히며
4. 예배의 중심이 무엇인지 배운다.
진행순서
찬송과 기도로 시작하고, 오늘의 목적과 목표를 청중에게 알려 준다. 강의가 끝난 후에 토의할 문제나 질의할 것을 미리 준비시킨다.

교회는 시대와 지역과 종족과 인간의 신분을 초월한 신앙공동체요, 생활공동체이다. 그리스도인의 신앙생활은 교회를 떠나서는 생각할 수 없다. 그러므로 교회에 대한 바른 이해는 신앙생활에 있어서 대단히 중요하다. 교회관이 바르지 않으면 신앙생활을 옳게 할 수 없다. 특별히 교회를 섬기기 위해 부름을 받은 제직들은 성경적이며 장로교적인 교회관이 확립되어야 한다.

1. 교회의 본질

1) 하나님의 '백성'으로서의 교회

교회는 구약시대에 이스라엘 민족이 가졌던 '하나님의 백성' 사상을 이어받아 그리스도 터 위에 세워진 그리스도인들의 공동체이다. 현재 우리가 사용하는 교회라는 말의 원어에는 두 가지 말이 있는데 히브리어로는 '카할'이요, 헬라어로는 '에클레시아'이다. '카할'은 하나님의 부르심을 받아 하나님 앞에 모여 있는 무리 곧 회중을 가리키는 말이다.

구약의 이스라엘 백성은 단순한 무리가 아니라 하나님의 부르심을 받아 하나님 앞에 모여 하나님을 예배하고, 하나님의 말씀을 듣고 다시 세상에 나가 하나님의 뜻을 받들어 하나님이 분부하신 일을 행하기 위하여 모인 회중이었다(삿 20 : 1). 이것이 구약시대의 교회라고 할 수 있다. 신약시대에는 예수 그리스도를 믿는 사람들의 공동체를 '에클레시아'라고 불렀는데 구약의 히브리어 '카할'이라는 말과 같은 뜻이다.

예수께서 "내가 이 반석 위에 내 교회를 세우리니 음부의 권세가 이기지 못하리라."(마 16 : 18) 하신 말씀에서 '교회'는 '에클레시아'이다. 주님이 세우시겠다고 하신 '에클레시아' 곧 교회는 주님의 부르심을 받은 백성이 주님을 주인으로 모시고 하나님께 예배드리는 공동체이다. 성경에서 가르치는 교회는 건물이나 어떤 조직이나 프로그램이 아니라, 하나님의 특별하신 계획에 따라 부르심을 받은 사람들이 함께 모여 하나님께 예배드리며 하나님 나라 일을 하기 위한 하나님의 백성의 모임으로서의 신앙공동체요, 생활공동체이다.

하나님의 백성으로서의 교회는 결코 사람들이 만든 단체가 아니라 하나님께서 자기 아들의 피로 사신 하나님의 교회이다(행 20 : 28). 우리가 하나님을 선택하기 전에 하나님이 먼저 우리를 선택하셨고(요 15 : 16), 우리가 그리스도인이 되기 전에 그가 우리를 그의 백성 중에 하나가 되도록 불러 주신 것이다(시 71 : 6). 그러므로 하나님께서는 우리가 감사와 순종으로 부르심에 응답하여 기쁨과 사랑으로 그의 백성된 자로서 교회에 충성 봉사하기를 원하신다.

교회를 시작하시고 다스리시고 유지하시는 분은 하나님이시다. 그러므로 교회의 신자들은 자신들의 소원이나 요구를 추구할 것이 아니라 하나님의 뜻을 순종하며 그의 뜻에 따라야 한다. 그러나 오늘날 많은 교회들이 하나님의 뜻보다 인간의 뜻과 욕망을 따르기 때문에 교회에

파쟁과 분열이 발생되는 것을 보게 된다. 교회는 목사나 장로의 인간적인 뜻을 따라서도 안 되고, 교인들의 주관적이며 감정적인 의견을 따라서도 안 된다. 인간적인 소유의식이나 지배의식이 나타나면 교인 사이에 뜻이 맞지 않고, 따라서 서로의 이해관계가 얽히어 분쟁이 일어나게 된다. 교회는 하나님께 속한 것이지 결코 목사나 장로나 어떤 사람들에게 속한 것이 아니다.

2) 그리스도의 몸으로서의 교회

성경은 교회의 본질을 그리스도의 몸이라고 했다(고전 12 : 27, 엡 1 : 23). 교회는 그리스도의 몸이요, 그리스도는 교회의 머리(엡 4 : 15)라고 한 것은 예수 그리스도를 구주로 믿는 무리들의 모임인 교회는 예수 그리스도와 떨어질 수 없는 관계에 있음을 강조하는 말씀이다.

그리스도인이 된다는 것은 그리스도 안에서 새 사람이 된다는 것이며, 제직이 된다는 것은 바울이 교훈한 대로 성도를 온전케 하며 봉사의 일을 하게 하며, 궁극적으로는 그리스도의 몸을 세우려는 데 있다(엡 4 : 12). 여기에 세운다는 것은 집을 세우듯(건축) 그리스도의 몸된 교회를 생명체가 되게 하고, 활동체가 되게 하며, 사랑의 공동체가 되게 하여야 한다는 것이다.

그리스도의 몸이라고 불리는 교회는 유기체요, 생명체이다. 우리는 교회를 보아 예수의 몸을 보는 것이요, 주님의 몸을 만지는 것이요, 받드는 것이다. 그러므로 교회에서 예수를 만날 수 있어야 하고 예수의 교훈을 들을 수 있어야 한다. 이런 뜻에서 교회를 손상하는 것은 주님의 몸을 손상하는 것이다. 이로써 교회의 존엄과 중요성을 알아야 한다.

(1) 몸에 제일 필요한 것은 생명이다

조직과 헌장이 완비되었을지라도 교회에 생명이 없으면 죽은 것이다. 교회가 오랜 역사를 자랑하고 거대한 단체가 되었다 하더라도 제일 귀한 것은 생명이다. 예수는 머리요, 교회는 그 지체이다. 예수의 피,

예수의 생명, 예수의 정신이 있어야 예수의 몸으로서의 생명이 있는 것이다. 오늘의 교회는 생명이 있는가, 없는가? 살았다는 이름은 있으나 실상은 죽은 교회가 아닌가? 일깨워 그 남은바 죽게 된 것을 굳건하게 하여야 한다(계 3 : 2).

(2) 생명의 몸은 성장한다

"하나님의 아들을 믿는 것과 아는 일에 하나가 되어 온전한 사람을 이루어 그리스도의 장성한 분량이 충만한 데까지 이르리니"(엡 4 : 13) 한 것은 교회는 신앙과 지식이 성장하여야 한다는 교훈이다. 신앙과 지식이 성장하지 않는 교회는 어린아이같이 유혹에 빠지며 세상 풍조에 따라 요동하게 된다.

(3) 몸된 교회는 사랑이 성장해야 한다

"오직 사랑 안에서 참된 것을 하여 범사에 그에게까지 자랄지라. 그는 머리니 곧 그리스도라."(엡 4 : 15) 한 것은 사랑의 성장을 강조한 것이다. 교회는 그리스도가 우리를 사랑하사 몸을 버리신 그 정신을 실천해야 한다. 그러므로 교회는 사랑의 전도, 사랑의 봉사, 사랑의 친교가 무럭무럭 자라나야 한다.

유기적인 몸은 서로 연결되어야 한다. "그에게서 온 몸이 각 마디를 통하여 도움을 입음으로 연락하고 상합하여 각 지체의 분량대로 역사하여 그 몸을 자라게 하며 사랑 안에서 스스로 세우느니라."(엡 4 : 16) 하였으니 각 지체가 서로 연결되어 온 몸이 각각 성장하여야 완전한 몸이라고 할 수 있다.

그리스도인이 된다는 것은 그리스도 안에서 새 사람이 되는 것을 의미한다. 그러므로 그리스도인이 되는 일은 필연적으로 그리스도께서 피로 세우신 그의 몸된 교회에 속하는 일이다. 손이나 발이 몸과 머리를 떠나서는 살 수 없는 것처럼 그리스도인은 몸된 교회의 지체가 된다. "너희는 그리스도의 몸이요, 지체의 각 부분이라."(고전 12 : 27)는 교훈을 명심해야 한다. 그러므로 몸된 교회에 속한 각 지체는 그 분량

대로 서로 도와야 한다. 눈은 눈의 일을 하고 손은 손의 일을 함으로써 몸이 건전하게 자랄 수 있다.

"이제 지체는 많으나 몸은 하나라. 눈이 손더러 내가 너를 쓸데없다 하거나 또한 머리가 발더러 내가 너를 쓸데없다 하거나 하지 못하리라."(고전 12 : 20-21) 하였으니 그리스도인들은 서로 사랑하며 도움으로 그리스도의 몸을 이루어야 한다.

2. 교회의 특징

하나님의 백성으로 그리스도의 몸된 교회는 지난 2천 년의 역사 속에서 수많은 시련과 박해를 이기고 하나님 나라 확장을 위해 힘써서 오늘과 같이 성장하는 교회가 되었다. 교회가 만일 인간의 집단이었다면 2천 년을 지속할 수도 없고 성장할 수도 없었을 것이다. 교회는 사회와 세상 속에 있어서 사람들의 모임처럼 보이지만, 그 기원과 특성에 있어서 신적인 기관으로서의 특징을 지니고 있다.

교회의 특징에는 니케아-콘스탄티노플 신조(325년-381년 사이에 형성된 신조)가 강조한 네 가지 특징이 있다. 그 특징은 교회의 단일성, 교회의 신성성, 교회의 보편성, 교회의 사도성이다.

1) 교회는 하나이다

교회가 하나라는 것은 외형적으로 하나라든가 기구나 제도적으로 하나라는 뜻이 아니라 교회의 존재 목적과 신앙이 하나이며, 믿음의 대상이 하나이며, 그 사명이 하나라는 뜻에서 하나(일치, unity)라는 것이다. 바울이 "주도 하나이요, 믿음도 하나이요, 세례도 하나이요, 하나님도 하나이시니"(엡 4 : 5-6)라고 말한 것과 같이 한 목적을 가지고 한 하나님을 믿는 그리스도인들은 어디에 있든지 한 공동체를 이룬다. 이 공동체 안에는 국경도 없고, 종족의 차별도 없고, 지위의 높고 낮음도 없다.

어디서든지 누구와도 공동체를 이룰 수 있어야 한다. 그러나 현실적으로나 역사적으로 볼 때 교회에는 여러 교파들이 있어 왔다. 지상의 교회가 역사적, 문화적, 정치적 갈등으로 여러 교파로 나뉘어 있는 현실을 피할 수는 없으나 그리스도의 교회로서의 일치를 위해 힘쓰며 하나님 나라를 함께 세워 나가야 한다.

현재 세계에는 로마 천주교회와 동방정교회와 개신교(改新敎)가 있다. 교파 분열의 피해를 제일 크게 받고 있는 교회는 한국교회라고 할 수 있다. 예수교장로회라는 간판을 건 교파만도 30개가 넘는다고 한다.

오늘날 세계교회는 연합과 일치를 향해 힘쓰고 있는데 한국교회는 세계교회의 추세에 역행하고 있다. 교파 분열은 성경적이 아니요, 하나님이 원하시는 것도 아니다. 화해의 복음을 믿는 우리는 주의 몸된 교회를 분열시키는 죄를 범해서는 안 된다.

2) 교회는 거룩하다

사도신경으로 신앙을 고백할 때 거룩한 공회(公會)라고 한다. 거룩한 공회라는 뜻은 교회는 세상의 다른 조직이나 단체와는 구별되고 따로 세움을 받았다는 의미이다.

교회는 사람들의 모임이므로 욕심쟁이도 있고 위선자도 있고 비양심적인 사람도 있다. 그럼에도 불구하고 교회가 거룩하다는 것은 교회에 모인 사람들이 도덕적으로 거룩하기 때문에 거룩하다는 것이 아니다. 교회의 거룩성은 다음의 세 가지 입장에서 이해되어야 한다.

첫째, 교회가 세상 다른 단체와 구별되는 것은 교회에 모인 사람들이 죄인임을 알고 고백하는 백성들의 공동체라는 데 있다.

둘째, 교회는 자기들의 행위가 잘못된 것을 알고 용서받기 원하며 변화받기를 바라는 무리들이 모이기 때문이다.

셋째, 교회가 세상 단체와 다른 점은 거룩하신 하나님께 예배드리는 곳이며, 예수 그리스도의 이름으로 죄인들이 용서함을 받고 성도라고 인정받기 때문이다.

교회의 거룩성은 교회나 교인들에게 있는 것이 아니라 그들에게 용서와 변화와 새로운 삶을 주시는 그리스도께 있는 것이다. 교회가 거룩하신 그리스도를 믿고 새롭게 되었다면 머리되신 그리스도께 순종하며, 그를 따르며 그를 닮아 가야 한다. 교회를 거룩하다고 고백한 그리스도인들은 하나님의 선하시고 기뻐하시고 온전하신 뜻이 무엇인지 분별하며, 자신을 거룩한 산 제사로 드리기를 힘써야 한다(롬 12 : 1-2).

3) 교회는 보편적이다

사도신경에 거룩한 공회(Holy catholic)는 보편적(普遍的) 교회를 고백하는 것으로 보편적 교회라는 말에는 두 가지 의미가 있다.

첫째, 교회는 신분, 인종, 국적의 차이가 없이 누구나 교인이 될 수 있다는 것이며 둘째, 교회는 진리를 모든 사람에게 가르칠 사명을 가지고 있다는 것이다.

그런데 보편적이라는 말은 라틴어로 가톨릭(catholic)이라고 한다. 이 말을 로마 천주교회가 자기들의 교회를 가리키는 말로 사용하기 때문에 가톨릭 하면 로마 천주교회라고 생각한다. 그러나 가톨릭이라는 말은 모든 참된 교회의 특성을 의미하는 말이다. 교회의 보편성이란 기구적으로 하나가 되어 한 사람의 명령에 의해 움직여야 한다는 것이 아니라 다만 교회의 본질과 목적이 동일해야 하고, 교회의 머리는 언제든지 그리스도가 되어 구원의 복음을 전하는 기능에 있어서 동일해야 한다는 것이다.

이런 의미에서 볼 때 개신교의 교회가 가장 비정상적인 경향을 가지고 있다고 할 수 있다. 교파주의에 빠져 자기 교파에만 구원이 있다고 주장하는 독선주의의 교회가 있기 때문이다. 그리고 로마 천주교회도 독선주의와 교파주의에 기울어져 교회의 보편성을 오해하여 개신교를 핍박했던 때도 있었다. 그러므로 그러한 독선주의에 빠지지 않도록 주의하는 동시에 교회의 보편성을 바르게 이해하여야 한다.

4) 교회는 사도적이다

사도적이라는 뜻은 교회는 예수의 제자인 사도들의 가르침과 인도함을 받았던 초대교회의 모습을 간직하고 계승해야 한다는 것이다. 교회는 성령강림으로 사도들로부터 시작되었으므로 예수께서 가르쳐 주시고 전달해 주신 신앙과 교리 위에 세워졌다. 그러므로 교회의 신앙과 전통의 뿌리는 2천 년의 역사 속에 깊이 자리하고 있다.

사도적 계승의 주요 골자는 어떤 조직이나 형태보다는 성경 중심과 바른 예배에 있다. 그러므로 사도적이라는 말은 성경적이라는 말과 같다. 그러면 사도적이요, 성경적인 교회의 모습은 어떠해야 하는가? 장로교의 창시자 칼빈을 위시하여 종교개혁자들이 밝힌 진리에 따르면 사도적인 교회의 표식은 하나님의 말씀을 선포하며, 성례전(세례, 성찬)을 그리스도께서 정해 주신 대로 집행하며, 교인들을 바르게 양육하는 교회의 중요한 의무를 행하는 것이라고 했다.

사도는 보내심을 받은 자라는 뜻이다. 사도적 교회란 그리스도인들이 교회 안에서 세례를 받아 교회의 일원이 되어 복음의 말씀을 듣고, 함께 떡을 떼며, 서로 도우며, 신앙의 훈련을 받기 위해 모이는 교회만이 아니라 세상 속으로 나아가 복음을 전하며, 그리스도의 사랑과 희생을 실천하며, 봉사하기 위해 흩어지는 교회를 의미한다(고후 5 : 20). 교회는 그리스도를 따라 섬김의 종이 되어야 한다(막 10 : 45). 교회에 모인 무리는 주께로 오라고 초대받았을 뿐만 아니라 가서 복음을 전하고 섬기라고 보냄을 받았다(요 20 : 21)는 사실을 기억하여야 한다. 그러면 보내심을 받은 사람은 누구인가? 우리가 흔히 어떤 특정인(목사, 선교사)들만 보내심을 받았다고 생각하기 쉽다. 그러나 이 같은 생각은 성경적이 아니다. 성경은 모든 하나님의 백성이 부르심을 받고 또 보내심을 받았다고 말씀한다(출 19 : 6, 벧전 2 : 9).

루터는 이 진리를 만인제사장설로 분명히 강조하였다. 하나님께서는 우리 모두에게 복음 전파와 화해의 직분을 맡기셨다. 우리는 우리가 일하고 생활하는 그 곳의 제사장으로, 선교사로, 하나님의 종으로 보내심을 받은 것이다.

3. 교회의 사명

교회는 그리스도의 몸이요, 하나님의 백성들의 모임으로서 교회가 해야 할 기능과 임무가 있다. 교회는 인간의 뜻과 이상을 추구하기 위한 기구가 아니라 하나님의 뜻을 실천하여야 할 하나님의 기관이기 때문에 교회의 사명도 하나님의 뜻을 실현하기 위한 일에 집중되어야 한다.

1) 예배 : 말씀의 선포와 성례전 집행

교회의 가장 중요한 사명은 하나님께 신령과 진정으로 예배드리는 일이다(요 4 : 23-24). 교회는 예배를 통해 하나님과 만남을 지속하고, 예배를 통해 주시는 힘으로 하나님의 백성과 자녀로서의 본분을 다하게 된다. 예배의 중심은 하나님의 말씀을 선포하는 일과 성례전을 거행하는 일이다.

(1) 말씀의 선포

교회의 생명은 하나님의 말씀 선포에 있다. 말씀의 선포가 없는 교회는 죽은 교회이다. 부활 승천하시는 예수는 제자들에게 "내가 너희에게 분부한 모든 것을 가르쳐 지키게 하라."(마 28 : 20)고 명하셨다.

구약시대는 예언자들이 하나님으로부터 말씀을 받아 이스라엘 백성들에게 전해 주었다. 그들은 하나님으로부터 받은 말씀을 그대로 사람들에게 전하는 것을 그들의 사명으로 여겼다. 그들은 하나님의 권위에 의해서 선포했기 때문에 항상 사용하는 용어는 "하나님이 가라사대"였다.

신약시대 사도들은 예수 그리스도의 오심과 그 생애와 죽으심과 부활 승천, 그리고 다시 오심을 말씀 선포의 핵심으로 삼았고, 이것을 케리그마(kerygma)라고 부른다. 초대교회의 선포의 말씀은 바로 이 케리그마였다.

말씀 선포는 성경을 토대로 삼아 하나님의 구속사역의 중심이신 예수 그리스도에 초점을 맞추어야 한다. 말씀의 선포는 설교를 통해 이루어진다. 개신교 예배에 있어서 설교가 중심인 것은 말씀의 선포가 예배의 핵심이 되기 때문이다.

설교를 하나님의 말씀의 선포라고 한다. 하나님의 말씀이라고 할 때 세 가지를 생각할 수 있다. 첫째, 성경은 문자로 기록된 하나님의 말씀이다. 둘째, 예수 그리스도는 계시된 하나님의 말씀이다. 셋째, 설교자가 성령의 인도를 받아 성경을 근거하여 선포하는 설교를 하나님의 말씀이라고 한다. 설교자는 무엇보다도 성경을 통해서 오늘에 필요한 메시지를 하나님께로부터 받아 그것을 선포하여야 한다. 그러므로 설교의 내용은 개인의 감정이나 지식을 전하지 않고 하나님의 말씀을 전해야 한다.

(2) 성례전 집행

말씀 선포인 설교와 함께 성례전의 집행이 개신교 예배의 생명이다. 한국교회 예배는 말씀은 중요시하면서도 성찬은 소홀하게 생각해 온 것이 사실이다.

초대교회 예배는 반드시 말씀과 성찬이 있었다. 성찬의 중요성은 기독교 역사 속에서 부정된 적이 없다. 종교개혁자 칼빈은 모든 예배에 성찬이 행해져야 한다고 강조하였다.

천주교의 형식적인 의식을 배격한 나머지 성찬예식을 소홀히 하는 것은 목욕물을 버린다고 아기까지 버리는 격이 되지 않겠는가? 개신교 예배는 말씀과 성찬이 균형 잡힌 예배가 되어야 한다. 성찬예식을 통해서 그리스도와 연합하고 구속함을 받은 감격 없이 자기 감정에 도취되는 것은 개신교 예배에서 성찬예식이 결여되었기 때문이다.

말씀을 강조하면서 아멘으로 화답하는 개신교의 분열은 쉽게 이루어지는 반면, 성찬예식으로 연결되는 천주교의 분열은 심하지 않다는 현실을 볼 때 성찬예식은 공동체성을 굳게 붙들어 매는 데 도움이 된다고 하겠다.

하나님의 말씀은 설교만을 통해 전파하는 것이 아니라 성례전을 통해 눈에 보이는 말씀으로 예배자에게 체험됨으로 그 영혼을 소생시킬 수 있어야 한다. 그러므로 교회는 성례전을 자주 거행해야 한다.

2) 교 육

교회는 하나님의 말씀을 선포하는 동시에 그 말씀이 지니고 있는 진리를 가르쳐야 한다. 예수님은 성과 촌에 다니시면서 가르치셨고(마 9 : 35), 초대교회는 교육을 중요시했고(행 2 : 42), 바울은 디모데에게 가르치는 일에 착념하라(딤전 4 : 13)고 했다. 교육의 기능을 소홀히 하는 교회는 교회의 본질에 반드시 있어야 할 중요한 요소를 잃어버린 교회이다. 그리스도의 몸으로서의 교회는 성경과 교리와 그리스도인의 영적 성장과 신앙생활에 필요한 모든 것을 가르치고 배워야 한다.

교육을 우리 몸의 구조에 비교한다면 골격과 같다. 교회는 가르치는 사명을 감당해야 튼튼하게 설 수 있다. 만약 교회가 교육을 등한히 한다면 신자들은 진리를 깨닫지 못할 것이며, 그렇게 되면 그들의 믿음이 처음에는 어느 정도 자라다가 시험이 닥치면 곧 말라 죽어버릴 것이다.

교회는 초기부터 교육제도를 세워 신자들에게 엄격한 신앙교육을 실시하였고, 가르치는 일에 노력한 결과 교회학교가 생겼다. 복음 진리를 바르게 이해하려고 노력한 결과 나타난 것이 신학(神學)이다. 모든 그리스도인은 교회에서 부지런히 배워야 참된 교인이 될 수 있다.

3) 친 교

하나님의 백성들이 함께 모여 사랑을 나누고, 서로에게 관심을 가지고 보살피며 믿음으로 교제하는 것을 친교라고 한다. 친교는 마치 우리

몸의 혈관조직과 같다. 몸은 피가 통해야 사는 것처럼 교회는 성도의 교제가 원만해야 활기를 찾게 된다.

친교의 주체는 누구인가? 친교를 성공시키는 주체는 그리스도인 모두이다. 왜냐하면 교회는 하나님의 백성 곧 신자들의 모임이기 때문에 신도들이 친교의 주인이 되어야 한다. 가정이 화목하려면 가족 전체가 더불어 힘써야 하듯 교회의 친교는 교인 모두의 책임임을 명심해야 한다.

교회의 친교를 성공시키기 위해서는 먼저 일체의 계급의식이나 지위의식이나 차별의식이 없어야 한다. 사회적인 세속적 차별이나 계급이나 지위가 교회 안에서는 빛을 잃어야 한다. 왜냐하면 교회는 다 같은 하나님의 백성들의 모임이기 때문이다.

교회의 친교는 예수 그리스도의 은혜와 하나님의 사랑과 성령의 은사를 받아 그것을 중심으로 나누어야 한다. 교회에 거룩한 친교와 화목이 없는 인간들의 사회적 친교만 있다면 교회는 벌써 없어졌을 것이다.

교회의 친교는 단순한 애정이나 실천 없는 말로는 성취되지 않고, 사랑으로 섬기고 희생정신으로 봉사하는 중에 이루어질 수 있다. 그러므로 교회에서는 성도간에 사랑과 마음을 주고받는 진정한 교제가 이루어져야 한다.

"기회 있는 대로 모든 이에게 착한 일을 하되 더욱 믿음의 가정들에게 할지니라"(갈 6 : 10). 그리고 "너희가 짐을 서로 지라. 그리하여 그리스도의 법을 성취하라."(갈 6 : 2)고 성경은 친교를 강조하였다.

4) 선 교

예수께서 승천하시면서 "내 증인이 되리라."(행 1 : 8)고 말씀하신 대로 교회는 복음을 증거할 사명이 있다. 교회는 그리스도를 따라 증거와 봉사의 삶을 살아야 한다(막 10 : 45). 교회는 "내게로 오라."고 하신 주님의 초대에 응답한 사람일 뿐만 아니라 또한 가서 복음을 전하고 섬기라고 하신 말씀에 순종하는 사람의 모임이다(요 20 : 21). 교회는 예배공동체인 동시에 선교공동체로서 세상을 향한 누룩, 소금, 빛의 사명을 수행하여야 한다. 불은 탐으로써 존재하는 것처럼 교회는 선교함으로 존재한다.

교회의 사명인 선교에 대해 성경적 이해가 필요하다. 인간을 구원하시는 하나님의 구원을 알리는 복음에는 수직적 차원과 수평적 차원이 함께 있다. 복음의 수직적 차원은 개인의 생명을 구원하시는 하나님의 행동이며, 복음의 수평적 차원은 구원받은 그리스도인들이 이 세상에서 그리스도인으로서 그 사명을 수행하는 일이다. 그러므로 선교는 세상으로 보내심을 받은 교회가 세상을 향해 행하는 모든 일이라고 할 수 있다.

교회가 세상을 향해 복음을 전하는 일을 크게 나누면 복음 전도와 정의 실천이라고 할 수 있다. 전도란 문자 그대로 구원의 기쁜 소식을 사람들에게 전함으로 이들이 예수 그리스도를 구주로 영접하고 그리스도인이 되어 그리스도의 뜻대로 살도록 하는 일이요, 정의 실천이란 그리스도인들이 사회 속에 들어가 사랑으로 봉사하고 사회정의를 세우며 화해를 위해 노력함으로 하나님의 뜻이 하늘에서 이룬 것같이 이 세상에서도 이루어지기를 위해 힘쓰는 모든 일을 의미한다.

선교는 개인적 구원과 사회적 구원을 다 포함한다. 교회는 사회적 관심을 버리고 개인 구원만 강조할 수 없고, 또한 사회적 활동이 전도를 대신할 수도 없다. 전도와 사회봉사는 유기적 관계를 가지고 밀접하게 연결되는 선교의 양면으로서 이 두 가지 모두 인간과 세상을 향하신 하나님의 사랑의 표현이다.

교회는 인간 하나하나의 영혼을 사랑해야 하고, 또한 인간이 몸담아 살고 있는 사회에 대해 서로 관심을 가져야 한다. 예수님을 본받아 세상에 나아가 인간을 사랑으로 섬기는 것이 교회가 감당해야 할 선교의 정신이며 사명이다.

◆ 복 습(질의 응답)

1. 교회는 누가 세웠는가? 성경구절은?

    ....

2. 교회는 건물이나 조직 프로그램이 아니라고 했다. 그것이 무슨 뜻인가?

    ....

3. 교회는 그리스도의 몸이라고 한 뜻은 무엇인가?

    ....

4. 교회는 네 가지 특징을 가르쳐 왔다. 그것이 무엇인가?

    ....

5. 교회의 네 가지 사명은 무엇인가?

    ....

6. 예배의 중심점 두 가지는 무엇인가?

    ....

7. 개신교 예배에서 설교가 중심이 된 이유는 무엇인가?

    ....

8. 교육은 몸의 골격구조와 같다고 했다. 무슨 뜻인가?

    ....

9. 친교는 몸의 혈관조직과 같다고 했다. 무슨 뜻인가?

    ....

10. 선교는 두 가지 면이 있다. 각각 무엇인가?

    ① ....

    ② ....

2. 장로교의 신조와 교리

목 적 : 장로교가 고백하는 신앙과 교리가 무엇인지를 배운다.
목 표 : 1. 신앙고백이 무엇인지를 배우며
2. 장로교가 채택한 신앙고백을 고찰하고
3. 장로교의 주요 교리를 배운다.
진행순서
찬송과 기도로 시작하고, 오늘의 목적과 목표를 청중에게 알려 준다. 강의가 끝난 후에 토의할 문제나 질의할 것을 미리 준비시킨다.

1. 신앙고백이란 무엇인가?

신조라는 말은 '내가 믿는다', '신앙의 규범', '상징', '표어' 라는 뜻이다. 영어로는 'creed' 라고 부르기도 하고, 'confession' 이라고도 부른다. 신조라는 말은 creed에서 온 말이고, 신앙고백이라는 말은 confession이라는 말에서 온 것으로 다 같은 것을 의미한다.

신앙고백은 대단히 중요하다. 신앙의 고백적인 선언과 증언을 통해 교회를 구성하고 있는 신자들이 세상을 향해 교회가 무엇인지, 무엇을 믿는지, 그리고 무엇을 하는지를 분명히 밝히는 것이다.

교회의 신조나 신앙고백에는 두 가지 목적이 있다. 하나는 교회 안에 있는 신자들에게 그들이 믿고 따라야 할 교리와 신앙생활의 지침을 가르치기 위함이요, 다른 하나는 세상을 향해 교회의 믿음과 성격을 분명히 밝히려는 데 있다. 교회가 오랜 세월을 지나오는 동안 교회의 신앙과 일치를 위협하는 세력에 직면할 때마다 고백적인 선언을 분명히 할 필요가 있었다. 그러므로 시대가 어렵고 어지러울 때일수록 신조가 많이 나온 것이다.

2. 가장 오래된 신조

교회 역사상 가장 오래된 신조는 사도신경과 니케아 신조이다.

사도신경은 삼위일체론에 근거한 기독교 신앙을 단순하면서도 분명하게 고백하였다. 전설에 의하면 사도신경은 성령이 충만한 사도들이 작성하였다고 하지만 역사적 증거는 없다.

본래 사도신경은 2세기말 로마교회에서 세례받는 사람들이 기독교 신앙을 고백하도록 가르친 것인데 후에 정규 예배에서 신앙고백으로 널리 사용하게 되었다. 사도신경이라는 이름은 이 신앙고백의 내용이 성경에 기초한 순수한 사도들의 가르침을 반영한 것이기 때문에 붙여진 이름이다.

사도신경은 로마 가톨릭교회는 물론 서방교회의 전통을 이어받은 루터교와 칼빈 계통의 개혁교회, 그리고 영국의 성공회, 감리교 등 대부분의 개신교에서 주일마다 주기도문과 함께 암송하고 있다.

사도신경과 함께 가장 오래된 신조는 니케아 신조이다. 콘스탄틴 황제는 기독교를 국교로 정한 후 신학적으로 갈라져 있는 교회가 하나가 되어야만 로마제국의 결속이 가능하리라고 믿고 이를 위해 325년 교회회의를 니케아에서 소집하여 정통신앙을 표명하였다. 니케아 신조의 주요 교리는 예수 그리스도의 신성과 인성, 그리고 성부, 성자와 함께 경배와 영광을 받으시기에 합당하신 성령에 대한 신앙을 고백함으로 기독교 신앙의 근본인 삼위일체 신앙을 고백하고 있다. 니케아 신조는 사도신경 다음으로 중요시되는데 "우리는 믿는다."로 시작되어 있다.

3. 한국 장로교의 신앙고백

신앙고백은 성경에 부차적인 것이기는 하지만 그것들은 신앙의 표준이다. 그러므로 장로교의 목사, 장로, 집사, 권사는 안수 서약할 때 "본 장로회 신조와 요리문답(헌장과 규칙)과 교리는 신구약성경의 교훈한 도리를 총괄한 것으로 알고 성실한 마음으로 믿고 따르기로 서약합니까?"라고 질문할 때 분명히 "예."라고 대답해야 한다. 장로교의 신앙고백서와 거기에 표현된 개혁신앙의 기본 교리를 모르면서 서약 때 "예."라고 대답할 수는 없다. 교회의 제직은 물론 장로교인, 그리고 그리스도인들은 무엇을 믿는지를 분명히 알고 이 진리의 표준에 굳게 서서 교리를 고백하며 신앙생활을 바르게 해야 한다.

장로교에서 교회를 다스리는 헌법은 네 편으로 되어 있다. 제1편은 교리, 제2편은 정치, 제3편은 권징, 제4편은 예배와 예식이다. 교리는 사도신경, 신조, 요리문답, 웨스트민스터 신앙고백, 그리고 대한예수교장로회 신앙고백서로 구성되어 있다. 위의 교리는 개혁주의 신앙의 전통과 우리 장로교단의 신앙 규범을 정하는 중요한 것으로 신앙의 기준을 정의한 것들이다. 특별히 대한예수교장로회 신앙고백서는 1986년 제71회 총회에서 채택된 우리의 신앙고백으로 우리 교단의 신앙의 기준이 되는 중요한 신앙고백서이다.

4. 개혁신앙의 기본원리

개혁교회라면 종교개혁의 원리를 받아들이는 모든 프로테스탄트교회를 가리키는 말이다. 좁게는 칼빈에 의해 주장된 교리와 교회체제, 또는 그 정책을 따르는 교단을 가리키는 말이다. 칼빈은 장로교의 창시자로서 그는 성경에 근거한 진리를 보다 분명하게 논리적으로 정리하고 표현하는 일에 힘썼다.

장로교의 신앙고백서에는 개혁신앙의 기본원리가 담겨져 있다. 개혁신앙이 강조하는 기본원리를 간단히 설명하면 다음과 같다.

1) 삼위일체 신관

기독교는 삼위일체 하나님을 믿는 신관이다. 삼위일체 신관이란 성부와 성자와 성령이 세 분으로 존재하지만 그 본체는 하나이며, 그 하시는 일에는 구별이 있으나 근본적으로 세 분이 함께 사역하신다는 것이다.

2) 기독교는 예수 그리스도의 참 하나님되심과 참 인간되심을 믿는 신앙이다

영원하신 성자 하나님께서 한 인간으로 이 땅에 오셨다는 성육신의 신앙이야말로 기독교 신앙의 핵심이다.

요한복음 1 : 14에 보면 "말씀이 육신이 되어"라고 말하고 있으며, 바울은 예수께서 본래 하나님과 동등한 본체를 가지고 있었으나 "오히려 자기를 비어 종의 형체를 가져 사람들과 같이 되었고 사람의 모양으로 나타나셨으매"(빌 2 : 6－7)라고 하였다.

기독교 초기부터 예수의 신성과 인성을 부인하거나 의심하는 이단들이 있었다. 이 문제를 해결하기 위해 451년 칼케돈 회의를 소집하고 그리스도의 신성과 인성을 확인하였다. "그는 참 신이요, 참 사람이다. 모든 면에서 우리와 동일하나 죄만은 없으시다. 그의 본체에는 두 가지가 있다. 곧 신성과 인성이다. 이 두 본체는 서로 혼돈이 없고 변동이 없고 분할이 없고 분리가 없다."라고 하였다.

3) 믿음으로 은혜로 의롭다 함을 얻는다

인간은 스스로 의로워질 수 없고, 자기 자신을 의롭게 할 수도 없다. 믿음으로 의롭게 된다는 이신득의(以信得義)의 교리의 핵심은 우리가 우리 자신을 위해 할 수 없는 것을 하나님께서 그리스도 안에서 우리를 위해 행하셨다는 것이다. 그러므로 의로워졌다는 것은 우리가 도덕적으로 완전해지고 깨끗해져서 의로워졌다는 것이 아니다. 우리는 아직 죄인이지만 하나님께서 우리를 그리스도 안에서 의롭다고 인정하시고 용납해 주셨다는 것을 의미한다(롬 5 : 6-8).

때때로 우리는 "믿음이 좋다", "믿음이 강하다"고 함으로써 사람이 믿음의 주체인 것처럼 착각하고, 믿음을 인간의 노력과 행위의 산물로 보는 때가 있으나 믿음도 하나님의 은혜이며 선물임을 알아야 한다.

4) 신구약성경은 하나님께서 계시하신 말씀이다

계시란 하나님께서 자기 자신을 인간에게 보이시고 하나님의 뜻을 우리에게 나타내신다는 뜻이다.

하나님께서는 예수 그리스도 안에서 우리를 찾아오시고 그의 뜻을 우리에게 나타내셨다(요 1 : 18, 14 : 9). 그러므로 우리는 예수 그리스도를 통해서 천지를 지으신 창조의 하나님을 만나고 우리를 구원하신 구원의 하나님을 만나게 되었다. 그러므로 하나님의 계시란 무엇보다도 예수 그리스도 그 자신이시며, 그리스도의 오심을 준비한 구약의 역사와 그것의 기록인 구약성경, 그리고 예수 그리스도의 오심과 그 사역, 그리고 복음 전파를 기록한 신약성경이 또한 하나님의 계시이다.

하나님의 계시로서의 성경은 성령의 감동으로 기록된 하나님의 말씀이다(딤후 3 : 16). 감동되었다는 말은 문자적으로 숨을 불어넣었다는 뜻이다. 모든 성경은 하나님의 숨결의 불어넣으심 곧 하나님의 직접적인 감동으로 쓰여진 책이며, 하나님의 보호와 섭리 가운데 여러 세대를 통해 순결하게 보존되어 왔다. 장로교회는 성경이 분명히 하나님의 말씀인 것과 하나님의 감동으로 기록된 것을 믿으며 가르친다.

5) 하나님의 주권

성경은 "태초에 하나님이 천지를 창조하시니라."(창 1 : 1)는 말씀으로 시작된다. 이처럼 그가 지으신 우주 만물과 인간의 역사에 대한 전능하신 하나님의 주권적 통치가 성경의 핵심적 교훈이다. 그러므로 성경에는 하나님의 존재 여부에 대한 논쟁이 없다.

하나님은 영원부터 영원까지 계시는 절대자요, 창조자요, 전능하시며 최고의 선의 존재요, 어디나 계시는 존재 자체이시다. 그러므로 하나님은 모든 존재의 근원이라고 부르기도 한다. 장로교는 하나님의 주권적 교리를 특별히 강조한다. 웨스트민스터 신앙고백과 요리문답은 하나님의 주권교리를 강조하고 있다(신앙고백서 제2장 2, 요리문답 4문 참조).

6) 예정론(하나님의 영원한 계획)

하나님의 주권적 교리로부터 파생된 예정론은 장로교회의 핵심 교리이다. 예정론이란 하나님의 피조물 전체에 관한 하나님의 계획과 목적을 의미하며, 이 계획은 포괄적으로 온 세상과 천상과 지옥이 그 계획 중에 포함되어 있다고 믿는다(신앙고백서 3장 1, 요리문답 7문 참조).

◆ 복 습(질의 응답)

1. 장로교회는 고백교회라고 한다. 이것은 무슨 뜻인가?

   ……………………………………………………………………………………

2. 신앙고백이 왜 중요한가?

   ……………………………………………………………………………………

   ……………………………………………………………………………………

3. 신앙고백에는 두 가지 목적이 있다. 그것이 무엇인가?

   ① ……………………………………………………………………………

   ② ……………………………………………………………………………

4. 장로교의 신앙고백은 모두 몇이며, 각각 무엇이며, 신조는 몇인가?

① ……………………………………………………………………………

② 신조는? ………………………………………………………………

5. 신조란 무슨 뜻인가?

……………………………………………………………………………………

……………………………………………………………………………………

6. 초대교회에서 나온 신조는 두 가지 필요에 의해 발전되었다. 그 두 가지는 무엇인가?

① ……………………………………………………………………………

② ……………………………………………………………………………

7. 삼위일체 신관이란 무엇을 말하는 것인가?

……………………………………………………………………………………

……………………………………………………………………………………

8. 예수 그리스도는 참 하나님이며, 참 사람이시라고 믿는 그것을 각각 무엇이라고 하는가?

① ……………………………………………………………………………

② ……………………………………………………………………………

……………………………………………………………………………………

9. 믿음을 통해 은혜로 의롭다 하심을 믿는다는 것은 무슨 뜻인가?

……………………………………………………………………………………

……………………………………………………………………………………

10. 기독교를 계시종교라고 한다. 무슨 뜻인가?

……………………………………………………………………………………

11. 하나님의 주권이란 무슨 뜻인가?

……………………………………………………………………………………

……………………………………………………………………………………

12. 성경은 어떻게 기록된 책인가?

……………………………………………………………………………………

……………………………………………………………………………………

13. 개혁교회와 장로교회는 다른 교회인가, 같은 교회인가? 같다면 그 이유가 무엇인가?

……………………………………………………………………………………

……………………………………………………………………………………

3. 장로교의 발자취

목 적: 교회가 어떻게 역사의 흐름 속에서 세계에 확산되었는지를 배운다.
목 표: 1. 교회가 어떻게 시작되었는지를 성경을 중심으로 살펴보며
2. 발전과정에서 변질된 양상을 고찰하고
3. 종교개혁과 개신교의 시작을 알아보고
4. 장로주의가 무엇인지를 살피고
5. 한국 장로교의 발자취를 상고한다.

진행순서

찬송과 기도로 시작하고, 오늘의 목적과 목표를 청중에게 알려 준다.
강의가 끝난 후에 토의할 문제나 질의할 것을 미리 준비시킨다.

1. 교회의 시작

베드로의 신앙고백을 들으신 예수께서 "너는 베드로라. 내가 이 반석 위에 내 교회를 세우리니"(마 16 : 18)라고 말씀하셨고, 그후 오순절 성령강림으로 교회는 시작되었다. 그런데 교회의 뿌리는 구약시대 이스라엘 백성이 가졌던 하나님의 백성이라는 사상에 두고 있다. 이스라엘 민족은 옛날 하나님과 아브라함 사이에 맺어진 계약관계에 의해서 자기들은 하나님의 백성이라는 뚜렷한 선택의식을 가졌다(창 17 : 19). 그들은 '카할' 이라고 불렸는데 곧 회중이라는 뜻이다.

예수 그리스도께서 십자가에 죽으시고 부활 승천하신 후, 제자들은 예루살렘을 떠나지 않고 성령의 오심을 위하여 기도하라는 그리스도의 명령을 기억하고 다락방에 모여 함께 기도하였다. 그때 성령강림의 놀

라운 경험을 하게 되었는데 그 날이 오순절이었다. 성령의 충만함을 받은 제자들은 당시 사람들이 십자가에 못박아 죽인 바로 그 예수가 그리스도가 되심을 증거하였다. 그러자 회개하고 세례를 받은 사람이 3천 명이나 되었다.

신약시대에 있어서 예수 그리스도를 믿는 사람들의 공동체를 '에클레시아' 라고 불렀는데 '대중 속에서 불러냄을 받은 사람' 이라는 뜻이다. 이 사람들은 예수 그리스도를 중심으로 모여 그리스도의 가르침과 그 생활을 본받으며 하나님께 충성하려고 결심한 사람들의 신앙공동체요, 생활공동체이다. 그러므로 초대교회는 사도는 가르치고, 신자들은 그 가르침에 몰두하여 뜨겁게 서로 사랑하며, 진심으로 하나님께 예배드리고, 전도와 친교와 봉사하는 일에 힘썼다(행 2 : 42-47). 이러한 공동체를 바울은 사람의 몸에 비유하여 그리스도는 머리요, 신자는 그 지체라고 하면서 공동체의 유기적 성격을 가르쳐 주었다. 따라서 이 공동체 안에서는 머리되시는 그리스도의 명령에 따라 각 지체가 움직이는 중에 예수를 부활하신 구세주로 전파하는 복음의 물결은 도도히 퍼져 누구도 이것을 막을 수가 없었다.

그 당시 로마의 정치 권력자들이 새로운 신앙운동을 일으키는 교회를 뿌리 뽑으려 노력하였으나 소용이 없었다. 교회를 핍박하던 사울이 회개하여 예수를 믿고 가장 뛰어난 전도자와 학자가 되어 복음을 각처에 널리 전파하였다. 바울의 선교활동으로 복음이 소아시아 여러 지방과 유럽으로 퍼져 갔으며, 마침내 로마를 포함한 동부 유럽에까지 교회가 세워지게 되었다. 로마제국은 기독교를 말살하려고 박해하는 중에 베드로와 바울을 위시하여 사도들이 순교했으며, 수많은 신자들이 죽임을 당했다. 그러나 이러한 가혹한 박해 중에도 복음은 전파되고 교회는 확장되었다.

로마의 장군 콘스탄틴은 제국의 황제가 되는 전투를 시작하기 전 "이 표시로 승리하라."는 유명한 십자가 환상을 보고 십자가 표시를 앞세우고 싸워 마침내 승리하였다. 로마제국의 황제가 된 콘스탄틴은 지금까지 박해하던 기독교를 로마의 국교로 선언하였으니 이 때가 주후 312년이다. 이 때부터 기독교는 활발히 복음을 전할 수 있게 되었다.

2. 변질된 교회

초대교회는 성령 충만한 사도와 신자들의 공동체이므로 예배형식은 단순하였고, 조직과 운영방식은 민주적이었다. 그러나 초기 교회 지도자들이 세상을 떠나고 국가의 보호를 받는 교회가 되면서 예배형태와 조직과 교리에 많은 변화가 일어나기 시작하였다. 민주적으로 운영되어 오던 교회 조직은 서서히 복잡하고 계급적으로 변하게 되었다. 여러 세기를 지나는 동안 감독들은 교권으로 교회에 영향력을 행사하기에 이르렀다. 마침내 로마제국의 수도였던 로마 시의 감독은 남다른 특권을 획득하여 다른 교회 감독들을 지배하게 되었다.

5세기에 야만족인 게르만족이 로마제국의 서쪽을 침입하였을 때 혼란에 빠진 사람들은 자연히 강력한 지도자와 강력한 교회를 원하게 되었다. 이때 로마의 감독은 이 역할을 수락하였고, 베드로가 로마교회를 세웠다는 주장을 강화하면서 로마교회의 감독은 지상에서 그리스도를 대신하는 대리인이라고 가르치기 시작하여 마침내 로마 감독은 교황 또는 '거룩한 아버지' 라는 이름을 가지고 권위를 행사하게 되었다. 그리고 로마제국의 수도가 콘스탄티노플로 옮긴 후에도 로마 감독은 계속 모든 교회에 대한 지배와 통치권을 주장하였다.

그러나 로마 감독의 주장을 모든 교회가 다 받아들인 것은 아니다. 북아프리카와 아시아, 그리고 동유럽의 교회들은 로마교회, 즉 서방교회의 주장을 받아들이기를 거절하였는데 이들을 동방정교회라고 한다. 그러므로 로마 천주교(Roman catholic church)로 알려진 서방교회와 동방정교회(Eastern orthodox church)는 1054년 두 교회로 분리되었다.

모하메드의 회교 세력이 강해짐에 따라 동부 유럽에 있던 동방교회, 즉 동방정교회의 세력이 약해지므로 서방교회, 즉 로마교회는 서방세계에 있어서 흔들리지 않는 본부 교회로서 기반을 굳히게 되었다.

따라서 교황의 권위도 증가하여 여러 나라의 왕을 세우고 폐하는 권리까지 가지게 됨으로 바티칸은 유럽에서 가장 부유하고 강력한 곳이 되었다. 그리하여 로마교회는 1517년 종교개혁운동이 일어나기까지 서방세계의 종교, 정치, 문화, 교육, 사회적 독점을 누리게 되었다.

이와 같은 교회의 권세는 교회의 본질에 큰 변질을 초래하게 되었다. 가장 중요한 변질은 성직자와 평신도의 구별과 차이를 강조한 것이다. 신부들은 하나님의 은혜를 독점하여 배급하는 사람들이 되었고, 평신도들은 성례전을 베푸는 성직자들에게 자신의 구원을 의지하는 신세가 되었다. 이러한 상황에서 면죄부 판매나 사람이 죽은 후에 천국과 지옥 중간에 연옥이 있다고 주장하면서 연옥에 떨어진 사람들을 교회의 영향력으로 천국으로 갈 수 있다는 잘못된 교리들이 판을 치게 되었다. 마리아숭배와 성상숭배가 성행하여 신부들의 권력을 증가시키기도 하였다. 초기 교회의 단순한 예배가 복잡한 의식인 미사로 변질되었으며, 일반 신자들은 성경을 읽을 수 없게 하였다.

성직자들의 도덕적 부패가 심해지면서 그들을 영적 지도자로 따르던 교인들은 신앙에 큰 피해를 입게 되었다. 물론 부패한 성직자와는 달리 여러 수도원에서 경건한 은둔생활을 하는 수도사와 성직자들도 많이 있었다. 그리고 많은 경건한 그리스도인들이 오랫동안 진실되고 경건한 삶의 모범을 보이며 영감을 일으키기도 하였다. 그러나 많은 성직자들의 무지와 탐욕과 도덕적 부패는 중세교회를 크게 변질시켰다.

3. 종교개혁과 개신교회의 시작

종교개혁운동은 주로 루터와 칼빈에 의해서 추진되었다. 루터나 칼빈이 처음부터 다른 교회를 만들기 위해서 종교개혁운동을 일으킨 것은 아니었다. 처음에는 로마교회가 주장하는 비성경적이며 비복음적인 요소들을 개혁하기 위해 개혁운동을 일으켰으나, 로마교회가 전혀 개혁의 의사는 보이지 않고 오히려 개혁운동을 탄압하고 박해하였기 때문에 불가피하게 새 교회를 시작한 것이다. 이렇게 종교개혁운동을 일으킨 때가 1517년이다.

독일에서 루터를 중심으로 개혁운동이 전개되는 동안, 스위스에서는 츠빙글리와 칼빈에 의해서 강력한 개혁운동이 추진되었다. 초기에 루터와 츠빙글리는 통일전선을 구축하려고 힘썼으나 성찬론 해석의 차이로 두 개의 교파인 루터파와 개혁파로 나뉘어 성장 발전하게 되었다.

개혁파 종교개혁의 기수는 칼빈(1509-1564)으로 장로교의 교리와 치리제도의 기초를 놓은 장로교의 창시자가 되었다. 칼빈은 교회 직분을 네 가지 형태-목사, 교사, 장로, 집사-로 규정했다. 성직자들은 그들보다 고위인 감독이 없고 서로 평등했으며, 평신도인 장로들 12명을 선출하여 성직자들과 함께 교회 정치를 담당했다. 이러한 원리들은 당시 칼빈이 거주하는 제네바와 같은 도시에서 선출한 대표제도에 의한 시민 통치에 적합했으며, 후에는 서구세계의 민주주의 발전에 크게 공헌하게 되었다. 제네바 도시에 대한 교회 통치는 모든 목사들과 12명의 장로들로 구성된 '장로법원'(당회)에 의해 이루어졌다.

칼빈은 생활면에도 관심을 기울여 교육에 힘썼다. 그는 학문을 기독교인의 생활과 밀접한 관계가 있는 것으로 생각하고 교육에 주력하였다. 또한 칼빈은 하나님의 말씀을 중심으로 하는 예배를 강조하였다. 예배는 하나님의 말씀을 받아들이고 찬송과 순종을 하나님께 돌려 드리는 훈련된 회중의 연합된 행위이기 때문에 마음과 양심에 중점을 두어야 한다고 가르쳤다. 그러므로 칼빈은 주일 아침 예배에 자유로운 기도와 더불어 기도문을 읽는 기도형태를 포함하는 예배의식을 존속시켰다. 그는 세례, 성찬, 결혼, 병자 방문시의 예배식문을 만들기도 하였다. 이렇게 해서 칼빈은 말씀(설교) 중심이면서도 찬송과 기도가 적절하게 조화를 이루는 경건하고 질서 있는 장로교 예배의 기초를 놓았다.

그는 왕성한 저술가로 거의 성경 전권에 대한 주석을 집필하였고, 그가 27세 되던 해에 유명한 「기독교강요」를 출간하였는데 개혁교회 교리의 근본적이고 명쾌한 기초가 되었다.

그는 54세에 세상을 떠나기까지 그의 시간과 정성을 연구와 저술, 설교와 상담, 행정에 바쳤다. 제네바의 교회와 학교에서 복음의 자유와 진리를 전 유럽에 전파할 성직자들이 훈련되었고, 각처에서 온 사람들이 제네바에서 칼빈에게 배웠으며, 개혁의 지도자들이 되어 그들의 고향으로 돌아갔다. 이로써 칼빈에 의해서 시작된 장로교 혹은 장로주의는 스위스, 네덜란드, 영국, 스코틀랜드와 미국에서 가장 대대적으로 받아들여져 장로주의가 널리 퍼지게 되었다.

4. 미국 장로교회

17~18세기에 걸쳐 영국 국교회가 장로교인들을 핍박하므로 스코틀랜드와 북아일랜드의 많은 장로교인들이 대거 신대륙 미국으로 건너왔다. 미국 정착 초기에 장로교인들은 이곳저곳에 산재해 있다가 1706년 미국 최초의 노회가 7명의 목사와 여러 명의 장로로 필라델피아에서 조직되었다. 그후 1717년 필라델피아에서 최초의 대회(synod)가 조직되었고, 대회 산하에 4개의 노회를 두게 되었다. 이때 교세는 19명의 목사와 40여 교회, 3천 명의 세례교인이 있었다.

장로교인들은 미국의 독립을 위한 애국적 헌신에 있어서 지도력을 발휘하였고, 장로교의 영향은 독립전쟁 수행에 큰 공헌을 하게 되었다. 그러므로 장로교 목사와 장로들이 미국의 독립을 지도하는 대륙의회의 회원이었다.

전국적인 교회를 구성할 필요를 느낀 장로교인들은 1789년 5월 첫 장로교 총회를 필라델피아에서 조직하였다. 총회는 네 대회와 16개 노회, 177명의 목사와 111명의 목사 후보생과 419개 교회를 두게 되었다. 총회가 모이는 시간에 새로운 헌법에 의한 미국연방의회가 뉴욕에서 열리고 있었는데 미주연방헌법이 장로주의 정치형태를 본떠서 만들어진 것은 우연이 아니다.

미국의 중요한 정치적 문제는 노예제도였다. 미국 내의 노예제도에 대한 찬반논쟁이 격렬해지면서 남북전쟁이 일어났고, 그로 인하여 장로교회도 남장로교와 북장로교로 총회가 갈라지게 되었다. 미국의 장로교는 남북교회 모두 제2차 세계대전 이후 선교에 대한 새로운 개념을 강조하면서 효과적인 세계 선교에 힘썼다.

5. 한국 장로교회

한국에 기독교가 전파되기는 1882년 한미수호조약이 체결되고, 뒤이어 1884년 9월 장로교 최초 의료 선교사로 알렌 의사 부부가 입국하면서이다. 그 다음해인 1885년 4월 장로교 최초 목회 선교사로 언더우드 목사와 감리교 최초 목회 선교사로 아펜젤러 목사 부부가 동시에 입국하였다.

우리 나라에 기독교를 전파하는 선교부는 미국 북장로교 선교부와 남장로교 선교부, 그리고 캐나다 선교부와 호주 선교부 등 네 장로교 선교부였다.

한국 장로교회는 1890년 중국에서 선교활동을 하던 존 네비어스(J. Nevius) 선교사의 제안을 받아 자립선교, 자립행정, 자립보급의 선교정책을 수립하였다. 이 선교정책은 한국교회의 발전 뿐만 아니라 그 신앙의 형태라든가 교역자의 수준, 그리고 교회 조직과 자립성과 리더십의 형성에서 무시 못할 커다란 영향을 주었다.

1907년 9월 평양 장대현교회에서 역사적인 대한예수교장로회 독노회(獨老會)의 조직이 성취되었다. 7인의 한국인 목사, 53인의 장로들, 989개의 교회와 19,000명의 세례교인, 7만 명의 신도를 가진 독립된 자주, 자립, 자율 선교의 교회로 새 출범을 한 것이다.

1911년부터 전국의 노회를 조직하여 총회 창립 준비를 서둘러 온 장로교회는 1912년 9월 1일 평양 경창문안여자성경학원에서 역사적인 창립 총회를 열었다. 목사 96인(선교사 44명, 한국인 52명), 장로 125인, 도합 221명의 전국적인 대회였다.

총회의 조직은 몇 가지 중요한 역사적 의의를 남겼다. 그 하나는 이 총회의 전국성(全國性)이다. 여기 출석한 한국인 총대들은 전국 방방곡곡에 있는 교회에서 파송되었던 것이다. 한국 역사상 전국 대의(代議) 회합이 기독교의 총회에 있었다는 것은 민주주의 장로교 정치의 열매였다.

둘째로 이 총회는 선교 교회로서의 사명을 확인하고 중국 산동성 내양에 선교사를 파송하여 외국 전도를 강화하였다.

셋째는 세계교회와의 연대의식성 강화이다. 이 총회의 조직에 세계교회와 일본교회가 각각 축전을 보내 왔고, 각국 장로회 총회와 장로교 만국연합 총회에 본 총회의 창립을 통고하였다.

또한 장로교인의 도덕적 훈련과 교회 치리(治理)의 철저한 실천에 의의를 둘 수 있다. 기독교인은 반드시 교육에 치중하여야 하며, 평생을 지위고하를 막론하고 계속 교육을 받아야 하고 고등교육을 실현하되 종교적 경건과 민족의식을 그 중추로 삼아야 한다는 것이다.

총회 조직시 교세는 목사 128명, 장로 225명, 교인 도합 127,228명, 대학교 2개, 중학교 25개, 소학교 539개, 예배당과 예배 처소 3,492개, 헌금 총액 158,764원 76전이었다.

일제의 기독교 탄압정책으로 1911년 소위 '105인 사건'을 일으켜 교회와 교인들을 탄압하였는데, 이 사건은 일본과 한국이 최초로 그 정신적 차원에서 도덕적으로 대결했던 명예롭고도 조용한 싸움이었다. 거기서 한국교회는 위대한 신앙의 힘으로 개선한 것이다. 교회가 민족의 시련과 국운의 비애 속에서도 겨레와 함께 걸어가겠다는 강력한 결의를 보여 준 것이다. 105인 사건에 연류되었던 사람은 장로교인이 대부분이었다.

한일합방 후 3·1운동의 거족적인 거사의 준비가 진행하는 중에 독립선언서에 교회 인사 16명을 포함해 33인의 민족 대표가 서명날인함으로써 독립만세운동에도 교회가 앞장서게 되었다. 「장로회 백년사」를 기술한 민경배 목사는 민족애와 국민의식에 신앙의 차원이 재가(裁可)될 때 3·1운동의 역사는 차라리 경건과 헌신의 기독교사로 해석되어도 무리가 없었다고 쓰고 있다.

일제의 탄압과 6·25의 전쟁을 겪으면서도 하나의 장로회 총회를 유지해 오던 장로교회가 신학교문제로 고신, 조신(한신)으로 갈리고 1959년 9월 총회 때는 통합과 합동으로 해방 후 세 번째의 분열을 겪어야만 했다.

한국교회는 비기독교적 전통이 오랜 나라 중에서 가장 모범적으로 기독교가 확장되고 생활화된 교회로 그 유례가 없을 만큼 엄청난 발전을 거듭해 왔다. 한국교회의 신앙은 성경과 기도와 헌신적 실천에서 세계적 관심을 모아 오순절 역사의 재현, 동방의 이스라엘, 사도시대의 생동하는 교회라는 기대와 선망을 받아 왔고, 그 조직적 장로교의 대의정치에서 전개된 민주주의는 의회정치적 기량과 정신적 가치의 계발을 자랑으로 가지게 하였다.

한국교회는 민족과 겨레의 핵심을 찾게 했고, 천부적 민권과 민족으로서의 선량한 자의식을 환기시켜 준 커다란 업적을 남겼다. 하지만 일제 탄압하에서 신사참배 문제로 인한 교회사적 오점을 남겼고, 자체 만족의 안일 속에서 사회의식이 결핍되어 있는 교회의 모습을 직시함으로 민족과 세계 앞에 소금과 빛의 역할을 다하지 못했음을 회개하여야 한다. 그러나 100년의 역사를 가지고 있는 한국 장로교회는 새로운 시대의 선교적 비전을 가지고 미래의 장엄한 역사 속에서 한국 장로교회 발자취가 후대에 의해 자랑스럽게 회상될 수 있도록 하나님 나라의 건설에 더 힘쓰는 한국 장로교회가 되어야 한다.

◆ 복 습(질의 응답)

1. 교회의 처음 시작은 누가 하셨는가?

   ……………………………………………………………………………………

2. 예수께서 베드로의 신앙고백을 들으시고 네 위에 교회를 세우시겠다고 한 성경의 근거는 어디 있는가?

   ……………………………………………………………………………………

   ……………………………………………………………………………………

3. 교회가 시작된 때는 언제인가?

   ……………………………………………………………………………………

   ……………………………………………………………………………………

4. 언제 로마 천주교와 동방정교회가 분리되었는가?

   ……………………………………………………………………………………

5. 로마교회가 크게 변질되었다. 가장 중요한 변질은 무엇인가?

   ……………………………………………………………………………………

   ……………………………………………………………………………………

6. 종교개혁은 언제, 누가 주동이 되었는가?

   ……………………………………………………………………………………

   ……………………………………………………………………………………

7. 칼빈은 교회 직분을 네 가지 형태로 구분하였다. 그것이 무엇인가?

……………………………………………………………………………………

8. 한국에 선교한 선교부는 몇이며, 각각 어떤 선교부인가?

……………………………………………………………………………………

……………………………………………………………………………………

9. 한국 장로교 총회 조직의 특성 몇 가지를 열거해 보자.

……………………………………………………………………………………

……………………………………………………………………………………

10. 한국 장로교회가 크게 몇 번 분열되었으며, 그 분열을 무엇이라 표현하는가?

……………………………………………………………………………………

4. 장로교의 예배(Ⅰ)

목 적 : 장로교의 예배의 본질과 예배에 따른 기본적인 구성요소와 주일 예배순서를 고찰함으로써 예배에 대한 바른 이해를 넓힌다.

목 표 : 1. 예배가 무엇인가를 배우며
2. 예배의 기본요소인 찬송, 기도, 성경낭독과 설교, 봉헌의 깊은 뜻을 살피고
3. 주일예배 순서를 예로 배운 것을 실제 예배와 연결시킨다.
4. 예배의 중심이 무엇인지 배운다.

진행순서

찬송과 기도로 시작한다. 질의 응답을 통해 예배의 중요성과 개선할 점을 재확인한다.

1. 예배의 본질

1) 예배란 무엇인가?

장미꽃 향기나 꿀맛은 묘사하기보다는 체험하는 것이 오히려 이해하기 쉬운 것같이, 예배라는 용어는 설명하기보다는 체험하는 편이 좀더 확실하게 알 수 있는 방법이 된다. 그러나 예배가 무엇인가를 설명하라 한다면, 인간이 절대자에게 표현하는 존경과 숭배의 모든 행위를 말한다고 할 수 있다. 예배는 절하다, 굽어 엎드린다, 또는 섬긴다는 의미를 가지고 있다.

교회의 예배란 하나님의 은혜에 감격하여 겸손한 마음으로 경배하는 것을 의미하므로 예배는 예배자의 자발적 행동이며, 신앙적 행위이다.

시편 기자는 “오라 우리가 굽혀 경배하며 우리를 지으신 여호와 앞에 무릎을 꿇자. 대저 저는 우리의 하나님이시요, 우리는 그의 기르시는 백성이며 그 손의 양이라.”(시 95 : 6 - 7)고 예배를 묘사하였고, 요한 계시록 4 : 10~11은 “이십사 장로들이 보좌에 앉으신 이 앞에 엎드려 세세토록 사시는 이에게 경배하고 자기의 면류관을 보좌 앞에 던지며”라고 예배드리는 광경을 기록하고 있다.

예배는 하나님 앞에 나아와 그 은혜에 감격하여 응답하는 행동이며, 하나님을 만나는 행위이다. 설날이나 명절 때 자손들이 부모를 찾아가 엎드려 절하는 행동을 미루어 예배를 생각해 볼 수 있지 않을까 생각한다.

2. 예배의 역사와 발전

교회의 예배는 오랜 역사와 각각 다른 문화 속에서 발전되어 오늘에까지 이르고 있다.

1) 성전 예배

성전 예배의 중심은 동물 희생의 제사이다. 이스라엘 백성들이 하나님께 드린 제사는 사람이 하나님께 무엇을 드리는 것이 아니라 하나님께서 이스라엘 백성에게 주신 구원과 은혜에 대한 감사의 응답이었다. 이것이 구약성경에 있는 모든 제사의 특성이었다.

2) 회당 예배

외국의 침략으로 흩어진 히브리 민족들이 각자 사는 곳에 회당을 세우고 성전의 동물 희생제사 대신 모세 율법의 낭독과 기도와 예언서를 읽고 강론하며, 시편을 노래하며 아론의 축도(민 6 : 24) 등으로 예배가 진행되었다.

3) 중세교회의 예배

중세교회의 예배는 성찬예식을 중심으로 그리스도의 고난과 죽음, 부활과 승천을 기념하는 제도와 전승을 확립하였다.

중세교회의 특징은 미사와 입장행렬이 있어 외양은 장엄하고 거룩하였으나 의식과 형식에 치우쳐 예배의 본질을 상실하게 되었다.

4) 개혁교회의 예배

예배는 본질적으로 영적이므로 예배는 표면적으로 나타나는 의식과 행위로 구성되는 것이 아니라 인간 존재의 핵심인 마음으로부터 드려야 한다. 그리고 진정한 예배는 하나님의 영으로만 가능하기 때문에 하나님의 영이 없이는 신령과 진정으로 예배드릴 수 없다.

종교개혁 전통의 예배의 특징 중 하나는 만인제사장설에 근거한 회중 참여의 협동적 예배이다. 회중이 예배드리는 주체로서의 상응한 참여가 이루어져야 한다. 예배의 기획에서부터 진행에 이르기까지 문이 확대되어야 한다.

5) 장로교 예배

개혁신학과 신앙의 전통을 지닌 장로교는 개혁신학과 신앙이 곧 장로교 예배의 기본원리가 된다. 장로교 예배의 특성은 ① 모든 예배는 성경적이어야 하고 ② 그리스도의 이름으로 드려야 하고 ③ 성령의 역사로 이루어져야 한다는 것이다. 이렇게 이루어지는 예배는 "오직 하나님께 영광"(Solides Gloria)이라는 개혁신학의 중심 목적을 달성하게 된다.

장로교 예배는 하나님의 영광을 높이 찬양하는 데 있으므로 예배의 관심은 죄에 시달린 백성들을 위로하고 격려해 주는 것보다 사죄의 은총과 하나님의 사랑을 깨닫고 하나님을 찬양하며 영광돌리는 행동으로 이끌어 나아가야 한다. 장로교 예배의 기본원리는 "오직 하나님께 영광" 이다.

3. 예배의 시간과 장소

그리스도인들은 언제나 하나님을 예배할 수 있다. 그러나 사도시대부터 그리스도인들은 주의 첫날을 '주의 날'(The Lord's Day)로 지켜 왔다. 이 날은 그리스도께서 죽은 자 가운데서 다시 사신 부활의 날이기 때문이다. 예수 그리스도 안에서 계약의 새 백성이 된 그리스도인 신앙공동체는 주일에 함께 모여 그리스도께서 부활하신 것을 기억하며, 이 날 믿음의 공동체가 말씀의 선포와 성찬 예식을 거행함으로 드리는 예배는 하나님께서 죄와 사망의 권세를 지금도 이기고 계심을 증거한다.

하나님께서 칠 일 중 하루를 거룩하게 지키라고 지정하여 주셨기 때문에 그리스도인들은 주일의 뜻을 어기거나 방해하는 모든 불필요한 일과 오락을 삼가해야 한다. 신자들은 성경말씀과 교회의 표준에 따라 신실하게 주일을 지킴으로 한 주일 동안 세상에 나가 살 때에도 하나님의 백성답게 하나님 중심으로 살도록 경건의 훈련을 해야 한다.

그리스도인들은 어디서나 예배할 수 있다. 그러나 하나님께서는 구약시대에도 특별한 장소, 곧 성전을 마련하여 그의 백성들을 만나시고 그들이 하나님을 예배하고 하나님의 임재를 체험하며 하나님과 동행하도록 하셨다. 예수께서도 정기적으로 회당과 성전에서 예배하셨다. 하나님을 어느 특정한 장소에 한정시켜 놓을 수는 없지만 부활하신 그리스도께서 나타나시고 찬양과 예배로 하나님께 응답하는 집합장소가 필요하다. 장로교「헌법」예배와 예식에서 명시하듯이 예배장소는 교인들의 접근과 모임을 용이하게 하고 공동체의식을 깊게 만드는 곳이어야 하며, 또 하나님 앞에서 경외감을 갖게 만드는 곳이어야 한다. 예배장소는 또한 하나님의 말씀의 선포와 성례전을 거행하는 데 필요한 시설이 준비되어야 한다.

4. 예배의 준비와 책임

교회생활의 중심은 함께 모여 드리는 예배에 있다. 함께 모여 예배드림으로 교인 하나하나의 신앙이 강화되고, 하나님과의 교제가 두터워지고 기쁨이 충만하게 된다. 그러므로 주의 날에 함께 연합하여 하나님을 예배하는 일에 참여하는 것은 모든 하나님의 백성의 특권이요, 의무이다. 하나님을 예배하는 일을 위해서 기도와 명상, 그리고 성경을 공부함으로 준비해야 하며, 신체적으로도 쉼이 필요하다. 그리스도인들은 주의 날이 주는 특권과 책임을 누리며 행할 수 있도록 몸과 마음을 다같이 준비해야 한다.

예배인도의 중책을 맡은 목사는 당회와 함께 예배에 대한 모든 일을 지도하면서 특별히 목사에게만 주어진 예배를 위한 책임인 성경본문 선택, 설교, 기도문 준비, 찬송 선택 등을 기도와 연구 가운데서 수행해야 하며, 예배위원회를 훈련하여 그 위원회와 함께 특별한 예배계획을 협의할 수 있다.

한국교회의 경우 당회의 예배위원회를 중심으로 집사들이 안내와 헌금위원의 책임을 맡아 예배를 위해 준비하고 봉사하는 일이 많다.

5. 예배의 구성요소

백여 년의 길을 걸어온 한국교회의 예배를 살펴보면 예배에 대한 바른 신학적 이해가 부족하며, 예배에 대한 훈련이 빈약하여 일반 교인들은 물론 교회지도자들까지도 예배에 대한 바른 인식이 없이 무분별한 예배를 드리는 일이 많다.

예배에 대한 바른 이해를 위해서는 예배의 기본적인 구성요소가 무엇인지를 알아야 한다. 장로교 예배의 기본적인 구성요소는 찬송(음악), 기도, 성경낭독, 설교, 세례와 성찬예식, 그리고 예배자 자신이 드리는 헌신의 표시인 헌금이다.

1) 찬 송(음악)

사람들이 하나님께 영광을 돌리는 방법 중 하나가 함께 찬송을 부르는 일이다. 기독교는 처음부터 노래하는 종교였다. 예수의 탄생은 처음부터 끝까지 노래 속에 진행되었다(눅 2 : 13 - 14). 바울은 그리스도인들에게 "시와 찬미와 신령한 노래들로 서로 화답하며 너희의 마음으로 주께 노래하며 찬송하며"(엡 5 : 19)라고 권고하였다. 그러나 중세기 교회는 성가대가 모든 노래를 전담하거나 찬송(음악) 없이 미사를 진행하였다. 개혁자들이 공중예배에 공헌한 것 중의 하나는 회중이 찬송(음악)에 참여하는 것이었다.

칼빈은 시편 찬송가를 만들었는데 이 시편 찬송가는 전 유럽을 노래부르게 만들었다. 찬송은 예배에 참석한 모든 회중이 함께 드리는 찬양의 기도이며, 모든 회중은 찬송을 부르는 성가대이다.

예배에서 사용되는 모든 음악은 예배의 목적에 합당한 것이어야 하며, 그리스도인들이 하나님께 드릴 수 있는 최상의 것이어야 한다. 그리고 성가대는 회중을 대신해서 찬양하기 위해 있는 것이 아니라 회중의 찬양을 보조하기 위해 있는 것이다.

2) 기 도

기도는 예배의 핵심 중의 하나이다. 회중이 함께 드리는 죄의 고백기도(혹은 참회기도), 회중을 대표하여 드리는 대표기도, 목회자가 드리는 중재기도 등 다양한 기도를 통해 회중은 하나님을 부르며 소원을 아뢰며, 그의 응답을 기다리며 용서를 얻고 새로운 능력을 받아 하나님의 사역에 동참하는 결단을 하게 된다.

예배시간에 드리는 기도는 개인기도가 아니라 회중을 위하여 그들의 용서와 소원을 간구하는 중재적 의미를 지닌 기도를 드려야 한다. 공중

예배에서 드리는 기도의 요소에는 찬양, 고백, 감사, 탄원, 중보, 그리고 성도의 교제가 있다.

3) 성경낭독

교회는 성경을 하나님의 말씀과 계시로 믿고 고백한다. 그러므로 예배의 중심은 신구약성경인 하나님의 말씀이다.

찬송과 기도가 예배의 중요한 부분이지만 하나님의 말씀이 더 중요하다. 그러므로 성경낭독이 예배의 중심적 위치를 차지하게 되며, 칼빈과 그 후계자들은 예배 때마다 신구약성경의 연속적인 낭독을 계속했다고 한다. 에스라가 책을 펴면 백성들은 모두 일어섰다(느 8 : 5)는 것을 본받아 성경낭독 때 청중이 일어서기도 하였다.

성경이 모국어로 번역되어 개인들의 손에 들어가기까지 16세기 동안은 성경낭독 순서가 예배의 극치를 이루는 부분이었다. 그러나 교인들이 모두 성경을 갖고 언제나 어디서나 읽을 수 있게 되어 성공회나 루터교를 제외한 다른 개신교에서는 이 순서의 필요성을 크게 느끼지 않고 설교의 본문만을 읽는 것으로 끝나게 되었다. 그렇지만 장로교나 개혁교회 전통에서는 성경낭독 시간에 구약과 신약에서 각각 말씀을 낭독한다.

4) 설 교

하나님의 말씀인 성경낭독을 토대로 말씀의 선포인 설교가 있다. 설교의 목적은 사람들의 구원을 위한 것이며, 낭독한 말씀의 의미와 자신들의 생활에 적용하는 방법을 알지 못하기 때문에 그것을 깨우쳐 주기 위해 설교가 있다.

개혁교회들은 설교의 중요성을 인식하고 설교가 예배의 중심으로서 필요하다고 강조한다. 설교는 말씀을 전하는 일 뿐만 아니라 말씀을 듣는 일이다. 그러므로 설교자가 설교를 준비하는 책임이 있듯이 설교를 듣는 청중은 그 말씀을 잘 들을 준비를 해야 한다.

예배와 신자들의 삶에서 설교가 차지하는 비중이 중요하기 때문에 목사와 당회의 초청이나 노회의 파송 없이는 아무도 교회에서 설교할 수 없다.

5) 헌 금

예배는 몸을 하나님께 거룩한 산 제물로 드리는 행위이다. 예배시에 헌금 순서를 통해 그리스도인은 자신을 하나님께 온전히 헌신하는 표시로서 그의 시간과 재능과 물질적 소유를 드린다. 물질을 바치는 일은 하나님께 응답하는 자기 헌신의 공동행위이다.

헌금은 교회의 일치와 공동의 유대를 상징한다. 헌금을 드림으로 복음을 전파하고, 병든 자를 치료하고, 굶주린 자를 먹이는 교회의 선교 사역에 동참하게 된다. 그러므로 성도들의 헌금은 하나님의 말씀대로 오직 기쁜 마음과 감사한 마음으로 드려야 한다.

6) 축 도

예배의 마지막 부분에서 행해지는 축도는 중세 후기 때부터 이루어져 오늘날에는 예배의 중요한 요소가 되었다.

구약성경에는 두 가지 형태의 축복이 기록되어 있는데 하나는 축복의 선포이며, 다른 하나는 축복을 위한 청원이다(민 6 : 24-26, 창 12 : 2-4).

주 하나님은 모든 복의 근원이지만 그의 백성들이 복을 받기에 합당한 일을 함과 동시에 그 복을 위하여 기원하여야 한다. 예배자들은 찬송과 기도로 하나님께 영광을 돌리고, 하나님의 말씀을 듣고 성찬예식을 받음으로써 하나님과 사귐을 갖는다. 이제 하나님께서는 복을 내리시며 교인들을 보내시고 그들이 세상에서 살면서 하나님을 섬기며 살도록 그들에게 평안을 약속해 주시는 것이 축도이다(고후 13 : 13).

6. 주일예배 순서의 개요

〈주일예배 순서의 개요는 미국 장로교교육부에서 쓴 미국 장로교 한인교회를 위한 교재에서 전재한 것임을 알려 둔다.〉

예배순서를 다음 다섯 부분으로 분류하여 제시한다.

1. 말씀을 중심으로 모임
2. 말씀의 선포
3. 말씀에 응납
4. 말씀의 인침
5. 말씀에 따라 순종하며 세상에 나아감(파송).

1. 말씀을 중심으로 모임

전 주 ……………………………… 오르간 ……………………………… 연주자
예배의 말씀 ……………………… 성구낭독 ……………………………… 목 사
기 원 ………………………………………………………………………… 목 사
송 영 ………………………………………………………………………… 성가대
* 개회찬송 ……………………… 경배와 찬송 ………………………… 다같이
* 고백의 기도와 용서 ……………………………………………………… 다같이
* 찬양과 찬송, 또는 영광송 ……………………………………………… 다같이
목회기도, 또는 대표기도와 주기도 ……………………………………… 맡은이
응답송 ……………………………………………………………………… 성가대

2. 말씀의 선포

구약성경낭독 ……………………………………………………………… 설교자
찬 송 ………………………………………………………………………… 다같이

신약성경낭독 …………………………………………………………… 설교자
찬 양 …………………………………………………………………… 성가대
설 교 …………………………………………………………………… 설교자
기 도 …………………………………………………………………… 설교자
신앙고백 ………………………… 사도신경 ………………………… 다같이
찬 송 …………………………………………………………………… 다같이

3. 말씀에 응답

헌 금 …………………………………………………………………… 다같이
* 봉헌찬송 ………………… 만복의 근원 주 하나님 ………………… 다같이
* 봉헌기도 ……………………………………………………………… 목 사

4. 말씀의 인침 : 성찬예식의 예전

5. 파 송

* 폐회찬송 ……………………………………………………………… 다같이
* 위탁의 말씀 …………………………………………………………… 다같이
축 도 …………………………………………………………………… 목 사
교회소식 ………………………… 성도의 교제 ………………………… 위 원

1) 오르간 전주

예배가 시작될 무렵의 오르간 전주는 개신교 예배의 서두의 중요한 부분이다. 이 시간은 많은 교인들이 오해하는 대로 좌석정리나 예배 시작을 기다리기 위한 시간이 아니다. 엄격히 말해서 이 시간은 예배의 시작이다. 하나님께 드려지는 아름답고 경건한 음악 속에서 예배자들은 마음을 정돈하고 묵상기도로 경건한 예배의 자세를 가다듬게 된다.

2) 예배의 부름(call to worship)

이 순서는 칼빈에 의해 성구낭독으로 시작된 것으로 개신교 예배의 역사에 오랫동안 지속되어 온 순서이다. 예배의 부름(또는 예배의 말씀)은 하나님의 명령에 따라 예배를 드리는 분위기를 형성하는 순서이므로 예배 인도자인 목사는 가급적 여기에 사용될 성구를 외워서 장엄하면서도 똑똑한 발음으로 낭독해야 한다. 예배의 부름은 교회의 절기에 따라 언제나 신선한 하나님의 말씀이 선포되도록 준비해야 한다.

3) 기 원

기원이란 짧은 기도로서 오늘의 예배 속에 성령의 충만하신 임재와 하나님의 영광이 나타나기를 간구하는 순서이다. 이 기원은 회중들의 형편이나 사정을 아뢰는 간구의 기도가 아니며, 죄를 참회하는 기도도 아니다. 예배의 부름과 기원을 합쳐서 1~2분이면 충분하다.

4) 경배의 찬송

예배로 죄인들을 부르시는 거룩하신 하나님의 말씀 앞에 모두가 일어서서 응답하고 창조와 구속의 하나님께 영광을 돌리는 순서가 이 경배의 찬송이다. 이 때에 부르는 찬송은 반드시 하나님을 향하여 드리는 경배와 찬양의 뜻이 담긴 찬송이어야 한다.

5) 고백의 기도와 용서의 선언

이 기도는 기록된 기도문의 철폐를 주장한 19, 20세기의 경험 위주의 부흥운동에 의하여 오랫동안 예전에서 사라졌던 순서이다. 그러나 개혁자들이 소중히 여기던 이 '고백의 기도' 순서가 근래에 수많은 개신교 예배 속에 다시 등장하게 되었다. 이 고백의 기도를 통해 예배자들은 하나님의 거룩한 존전에 죄인된 자아의 모습을 내놓고 하나님의 용서와 임재를 간구하며, 예배공동체의 고백을 하게 된다. 고백의 기도는 인도자와 회중이 여기에 해당하는 시편을 함께 교독하든지, 인도자(목사)가 작성한 고백의 기도를 함께 읽을 수 있다. 목사는 양들이 어떤 형편에 있는지를 섬세히 아는 목양자로서 매우 새로우면서도 회중들에게 구체적으로 공감이 될 수 있는 기도문을 작성하는 데 많은 시간과 정성을 바치게 된다.

고백의 기도가 한목소리로 드려진 다음 목사는 반드시 회중들이 용서받은 기쁨을 간직하도록 용서의 선언을 해야 한다. 이때 용서의 선언은 반드시 성경말씀에 근거한 것이어야 한다.

6) 찬양과 찬송, 또는 영광송

하나님의 용서가 선언된 다음에 인간의 응답으로 영광송, 또는 찬양과 찬송을 부르면서 다시 용서의 하나님을 찬양한다. 이 찬송 후에 성도들이 용서를 받은 기쁨을 나누면서 평화의 인사를 교환할 수 있다.

7) 목회기도, 또는 대표기도

목회기도는 칼빈을 비롯해서 많은 개혁자들에 의하여 계속되어 왔던 중요한 예전의 순서이다. 이 기도는 예배인도자인 목사가 하나님 앞에 모여 예배드리는 무리를 위하여 사제적 중보의 기도를 드리는 순서이다. 이 중요한 목사의 중보의 기도가 한국 개신교회 예배순서에는 장로들이 회중을 대표하여 드리는 대표기도로 대체되었다. 그 까닭은 초기 선교사들이 눈을 감고 마음으로부터 우러나오는 기도를 그들의 짧은 한국어 실력으로는 실행할 수 없어서 집사나 장로들에게 기도를 부탁한 데서 한국교회의 전통이 되어 버린 것이다. 평신도들이 대표기도를 드리는 경우에는 전체 회중을 대표하여 드리는 바르고 진실된 기도가 되도록 한 주간 동안 기도를 준비해야 하며, 대표기도는 5분을 초과해서는 안 된다. 목회기도, 혹은 대표기도 후에 주기도문을 드린다.

8) 말씀낭독

지금까지 다루어 온 예전의 순서는 모두가 하나님께 드리는 인간의 찬양, 감사, 경외, 고백의 행위들이었다. 이제 여기부터는 하나님께서 인간들에게 응답해 주시는 순서이다. 우리는 앞서 예배의 기본 구성요소에서 하나님의 말씀인 성경을 우리의 예배 가운데서 어떻게 낭독하는 것이 바람직한 예배행위인지를 간단히 살펴보았다. 성경낭독을 할 때에는 "오늘 우리에게 주시는 구약(신약)의 말씀은 어느 책의 몇 장, 몇 절부터 몇 절까지입니다. 이제 하나님의 말씀을 낭독합니다."라고 한 후에 성중히 읽고, 읽은 후에는 "이 말씀을 통하여 우리에게 충만한 은혜 주시기를 원합니다."라고 하는 것이 좋다.

9) 설 교

예배 안에서 설교의 기본 목적은 말씀 가운데서 하나님과의 만남이 이루어지도록 하는 데 있다. 말씀의 바른 선포를 통해 회중들은 하나님의 나타나심을 경험하고, 명령하신 말씀 앞에 바른 순종을 하려는 결단을 하게 된다. 따라서 회중들의 가슴속에서 선포된 설교를 통해 구원의 주인이신 예수 그리스도를 거듭거듭 새롭게 발견하면서 참된 감격과 감사가 우러나오도록 말씀이 준비되고 선포되어야 한다.

10) 한국교회는 거의가 예배 초두에 신앙고백이 있는데 신앙고백(사도신경 암송)은 설교 후에 하는 것이 타당하다. 말씀에 근거한 신앙고백이 의미가 있기 때문이다.

11) 헌금순서는 설교 후에 하는 것이 예배학적이다. 받은 은혜를 말씀으로 확증하고 거기에 응답하는 마음으로 자신을 드리는 봉헌의 헌금을 해야 하기 때문이다. 헌금함을 예배당 입구에 설치하여 들어가면서 헌금함에 넣게 하는 것은 마땅치 않으며, 장로교와 개

혁교회의 전통이 아니다.

12) 목회자가 드리는 중보의 기도는 봉헌기도와 따로 드려도 되지만 같이 드려도 무방하다. 봉헌기도와 함께 여러 가지 형편 가운데 있는 교인들을 위해 기도하는 것은 대단히 중요하고 필요하다. 감사나 특별헌금을 한 사람들의 이름을 일일이 열거하는 것은 바람직하지 못하다.

13) 위탁의 말씀은 말씀을 듣고 새 힘을 받아 세상 속에 나가 선교와 섬김의 삶을 살라는 파송의 선언이다.

14) 교회소식을 축도 후에 넣게 되면 방문한 손님을 소개하거나 새 신자를 소개하고 교제하는 데 시간에 쫓기지 않는 장점이 있다.

15) 주일예배를 드리는 전체 시간은 60~70분으로 하는 것이 바람직하고 효과적이다.

◆ 복 습(질의 응답)

1. 예배란 무엇인가?

....

....

2. 장로교 예배의 특성은 무엇인가?

① ....

② ....

③ ....

3. 장로교 예배의 기본원리는 무엇인가?

…………………………………………………………………………………………

4. 예배는 언제 드려야 하며, 어디서 드려야 하는가?

…………………………………………………………………………………………

5. 예배의 기본적인 구성요소는 무엇인가?

…………………………………………………………………………………………

6. 공중예배에서 드리는 기도의 요소에는 어떤 것이 들어 있는가?

…………………………………………………………………………………………

7. 설교의 목적은 무엇인가?

…………………………………………………………………………………………

8. 찬송은 왜 부르는가?

…………………………………………………………………………………………

9. 성가대는 왜 필요한가?

…………………………………………………………………………………………

10. 예배드릴 때 헌금은 왜 드리는가?

…………………………………………………………………………………………

11. 배운 예배의 본질과 요소에 기초하여 오늘 우리 교회의 예배순서나 내용이 어떠한지를 비교 토론하고, 앞으로 어떻게 하면 좀더 장로교 전통에 맞는 예배를 드릴 수 있는지를 구상하며 토론하자.

5. 장로교의 예배(Ⅱ)

목 적 : 장로교의 성례전이 어떤 것이며, 교회력의 중요한 내용과 장로교인이 상징하는 바를 배운다.

목 표 : 1. 성례전의 중요성과 그 의미를 찾아보고
2. 교회력의 유래와 그 내용에 따른 의미를 알아보며
3. 한국 장로교인이 지닌 상징을 찾아본다.

진행순서

찬송과 기도로 시작하고, 오늘의 목적과 목표를 청중에게 알려 준다. 강의가 끝난 후에 토의할 문제나 질의할 것을 미리 준비시킨다.

1. 교회의 성례전

1) 성례전의 중요성과 그 의미

개혁교회가 인정하는 성례전은 세례와 성찬예식 두 가지다. 성례전은 하나님의 말씀의 선포인 설교와 함께 예배의 중심점을 이룬다.

종교개혁자들은 말씀의 바른 선포와 성례전의 바른 집례가 참된 교회의 표시가 된다고 강조하였다. 과격한 개혁자들 중에는 구교의 여러 가지 성례전을 거부한 나머지 예식마저 소홀히 여겨 성례전을 1년에 한두 번 집례하는 현상을 가지게 되었다. 근래에 와서 눈에 보이는 말씀으로서의 성례전에 대한 인식이 새로워지고 있는 것은 바른 예배를 위해 대단히 고무적인 현상이다.

성례전이라는 말은 라틴어의 'sacramentum'에서 나온 것인데, 이 말을 교회 용어로 사용한 사람은 3세기의 터툴리안(Tertullian)으로서 그는 그리스도를 위하여 목숨을 바치기로 약속한 후 세례를 받고 성찬에 참여하는 예전을 성례전(Sacramentum)이라 불렀다.

종교개혁이 있기 전까지는 기독교의 성례전은 지금 천주교에서 지키는 것처럼 7성례였다. 종교개혁자들이 이러한 잡다한 교회 행사를 모두 성례전으로 지키는 것을 반대하고 예수 그리스도께서 제정하신 세례와 성찬만을 성례전으로 지키도록 하였다.

주님께서 주관하는 성례전은 다음과 같은 신학적 의미를 지니고 있다.

첫째, 성례전은 모든 예배자들에게 하나님의 구속의 은혜를 구체화하고 행동으로 선포하는 말씀이다. 이 성례전을 통해 하나님께서 우리를 찾아오심을 체험하는 것이다.

둘째, 성례전을 통해 사람들은 하나님의 은혜의 선포를 느끼고, 자신이 죄인임을 고백하고 주님을 영접하는 응답과 결단을 하게 된다.

셋째, 성례전을 통해 하나님은 이 성례전 안에 계셔서 그리스도인들의 신앙을 돌아보시며, 하나님의 백성으로서의 교회공동체를 양육하신다.

그러므로 "교회는 어디서나 이 예전을 자주 또 정당하게 거행하여 신령한 유익을 얻어야 한다."고 「대한예수교장로회 헌법」은 규정하고 있다(「대한예수교장로회 헌법」, 239쪽).

(1) 세 례

세례는 구약시대의 할례를 대치하는 것으로 영적으로는 그리스도와 합하여 죄에 대하여 죽고, 그리스도의 부활과 합하여 다시 사는 것을 의미한다(롬 6 : 3-4). 외적으로는 자기의 신앙의 결단을 신자들 앞에서 공표함으로써 그 교회에 정식으로 가입한다는 것을 의미하며, 따라서 하나님의 백성의 한 사람이 된다는 뜻이 내포되어 있다.

부활하신 예수께서 그를 따르는 자들에게 항상 그들과 함께 계시겠다고 약속하시고, 온 세상에 다니면서 모든 족속으로 제자를 삼아 성부, 성자, 성령의 이름으로 세례를 주라고 위임하셨다(마 28 : 18-20).

그러므로 오늘의 교회가 지키는 세례의 성례전은 주님의 명령에 의한 예전이며, 장로교 창시자 칼빈이 말한 대로 하나님에 의하여 그의 자녀로 삼으시는 거룩한 인침(seal)이며, 그리스도에게 접붙임으로써 새로운 출발이다.

성례전으로서의 세례는 전체 교회의 행위이다. 그렇기 때문에 세례는 정기적으로 베풀어져야 하며, 예배드리는 회중의 참여 가운데서 베풀어지는 것이 마땅하다. 세례를 받는 사람은 물론 증인으로 참여하는 사람에게도 복음을 선포하는 방편이므로 공동예배 중에 말씀의 순서에 이어서 베푸는 것이 원칙이다.

유아 세례는 구약시대에 할례를 어린이에게 베풀어 은총의 언약 아래 있게 했던 것처럼 예수께서 세우신 새 언약에 들어가는 표인 세례를 어린이에게 주는 것은 합당하다. 유아 세례는 하나님의 은혜의 계약이 그 아이에게 함께함을 표시하고 인치는 예식이다. 유아 세례를 받는 시기를 「장로회 헌법」은 입교인의 자녀로서 2세 미만된 자로 규정하고 있다. 어린이는 자기 입으로 신앙을 고백할 수 없기 때문에 목사는 부모가 그 아이를 믿음 안에서 양육하여 장성할 때까지 하나님을 사랑하고 예수 그리스도를 섬기는 생활을 하도록 책임질 것을 권면하고 서약한 후 유아 세례를 베푼다. 유아 세례를 받은 교인은 자라서 스스로 책임 있는 교인이 될 나이(헌법은 15세 이상이라고 규정)에 어린 시절에 받은 세례를 확인하고 자신의 결단과 의사로 교인이 될 것을 서약한다. 이것을 입교(入敎) 혹은 견신례(堅信禮)라고 한다.

세례를 베푸는 방법에는 물 속에 몸 전체를 잠그는 침례(浸禮)와 머리에 물을 뿌리는 세례 두 가지가 있다. 교파에 따라 그 방법이 다르나 그 의의에는 차이가 없다. 로마 천주교, 동방정교회와 대다수의 개신교(루터교, 장로교, 감리교 등)는 후자를 택하나 침례교를 중심한 미국 내의 소교파에서는 전자를 택하고 있다.

(2) 성찬예식

성찬예식은 십자가에 죽으시고 부활하신 주님과 함께 연합하는 가운데 먹고 마시는 예식으로 주님께서 잡히시기 전날 밤에 친히 세우시고 지키라고 명령하신 예식이다(마 26 : 26 - 28, 고전 11 : 23 - 25).

성찬예식의 예전을 가리키는 대표적인 명칭에는 주님의 만찬(Lord' s Supper)과 성찬(Holy communion)이 있다. 초대교회 때부터 기독교 예배에는 언제나 말씀의 예전과 함께 성찬예식이 있었다. 성찬예식을 통해 그리스도인들이 떡을 떼고 잔을 나눌 때 그들은 영적으로 그리스도의 몸과 피에 참여한다. 그런데 예수의 살과 피를 의미하는 떡과 포도주에 대한 해석이 통일되어 있지 않다.

로마 천주교는 성찬예식의 재료가 되는 떡과 포도즙 속에 그리스도께서 신체적으로 임재한다는 화체설(化体說)을 주장한다.

루터교회는 로마 천주교회의 화체설을 약간 수정한 것으로서 성찬예식에 준비된 떡과 포도주는 목사의 축사기도와 동시에 물질은 물질 그대로 남아 있으나 예수님의 살과 피의 요소가 같이 있다는 공재설(共在說)을 주장한다.

츠빙글리는 고린도전서 11 : 23 이하에 있는 말씀에 근거하여 성찬예식은 예수님의 죽으심을 기념하여 가지는 예전이라고 하였다. 떡과 포도주는 그대로 남아 있으나 성찬예식에 참예하는 사람들은 자기를 위하여 십자가에 못박혀 돌아가신 예수님의 죽으심을 기념하는 상징이라는 기념설(記念說)을 주장한다.

장로교는 칼빈의 주장대로 성찬예식에서 그리스도께서 그를 찾고 사모하는 사람들과 영적으로 함께 계신다는 영적 임재설을 믿는다. 즉 그리스도의 영은 떡과 잔이라는 물질적 요소 가운데 계시는 것이 아니라 그 예식을 통해 예수와 영적으로 교제하는 것을 의미하는 영적 임재설(臨在說)을 믿는다.

이처럼 주의 식탁인 성찬예식에서 떡과 잔을 나눔으로 그리스도인들은 그리스도의 삶과 죽음, 그리고 부활과 재림의 약속을 기억하며 믿음을 새롭게 하고 인침을 얻는다. 또한 그리스도의 변함없는 사랑과 함께 하신다는 약속을 의지하고 그리스도와 교제하며, 그리스도에게 속한 모든 믿는 자들과 연합한다.

개신교는 로마 천주교의 잘못된 성찬예식에 대한 극단적인 반작용으로 성찬예식을 소홀히 한 경향이 있었으나 헌법이 규정한 대로 자주 성찬예식을 거행하여야 한다. 성찬예식은 주일날 예배 장소에서 거행하며, 성찬예식 집례는 목사가 집행해야 한다. 장로들은 분병과 분잔위원으로 봉사한다.

주님의 피를 상징하는 포도주에 물을 섞어서 사용한다. 그 이유는 주님께서 십자가상에서 피와 함께 심장 속의 물까지 다 쏟으셨기 때문이다. 그리고 포도주 대신 포도즙을 사용하는 것은 미국의 19세기와 20세기 초에 금주운동의 영향과 한국교회도 초창기 때 금주운동의 영향으로 각 교회가 포도주 대신 포도즙을 사용하게 된 것이다.

2. 말씀과 성찬이 균형잡힌 예배

초대교회의 예배는 반드시 말씀과 성찬이 함께 있어야 했다. 성찬의 중요성은 기독교 역사 속에서 부정된 적이 없다. 종교개혁자 칼빈까지도 모든 예배에 성찬은 행해져야 한다고 강조하였다. 이것이 확인된 것은 아니지만 말씀만 강조되는 교회의 분열은 쉽게 이루어지는 반면 성찬으로 연결되는 교회의 분열은 심하지 않은 현상을 볼 때 성찬은 교회의 공동체성을 굳게 붙들어 매는 데 도움이 된다고 본다.

3. 교회력(敎會曆)이란 무엇인가?

교회력(The Church Year)은 크게 두 가지로 나눈다. 하나는 일요일

(Sunday)을 주님의 날(The Lord's day)로 지키면서 예배를 드리는 것이며, 다른 하나는 일 년(一年)을 주님의 구원사역에 따라 구분하여 예배자들에게 그 시기와 의미를 재확인시키는 일이다.

주일은 예수님을 따르던 제자들이 안식일(토요일) 다음날 죽음으로부터 살아나신 주님의 부활의 감격을 가슴에 안고 함께 모여 주님의 말씀을 되새기며 주님이 명하신 대로 성찬예식을 나누면서 주님의 이름으로 모이는 예배일로 발전하였으니 주일이 교회력의 기초이며 핵심이 되었다.

또한 초대교회는 주님의 부활과 승천, 그리고 성령강림 같은 역사적 사건들을 해마다 새롭게 다짐하고 그 깊은 뜻을 강조하며 전하려고 하였으니 여기에서 절기를 중심으로 교회력이 시작되고 발전하게 되었다.

교회는 강림절에서부터 승천일에 이르기까지의 예수의 전생애를 매해의 상반기 안에 되새기며 후반기에는, 즉 오순절에서부터는 예수의 제자로서의 교회 역할을 공식적으로 선포한다.

초기에는 사순절, 오순절과 같은 절기가 설정되었으며, 그 후에 크리스마스, 성금요일, 부활절, 승천일, 성령강림절 등이 추가되었다. 그러다가 로마 천주교회가 성모 마리아를 비롯한 각종 성자의 성일을 교회력에 넣음으로 교회력의 품위를 손상시키게 되었다.

그후 종교개혁자들이 성탄절과 부활절만을 받아들였다. 그러한 관계로 한국의 개신교도 교회력에 대한 관심이 없다가 교회력의 본래의 의미를 다시 회복하려는 운동이 개신교 안에서도 일어나 교회력에 대한 새로운 인식이 발전하게 되었다.

4. 교회력의 내용과 의미

1) 대강절(待降節, Advent)

교회력은 대강절로부터 시작된다. 이 절기는 11월 30일에서 가장 가까운 주일부터 시작되며 4주간 계속된다.

대강절은 '온다'는 뜻에서 시작된 말로 대강절의 의미는 하나님께서 성육신으로 이 땅에 오신다는 것이다. 하나님은 성탄절에 우리를 구원하시기 위해 아기 예수로 이 땅에 오셨다. 그리고 이 예수는 장차 세상 끝날에 산 자와 죽은 자를 심판하시기 위해 다시 오신다. 그것을 재림이라고 한다. 그러므로 대강절은 그리스도가 우리 마음속에서 다시 태어나시는 감격을 위해 준비하며, 다시 오실 주님을 영접하기 위한 시간이 되어야 한다.

2) 성탄절(聖誕節, Christmas)

초기 기독교인들은 부활절에만 깊은 관심을 두었을 뿐 성탄절에 대한 축제는 없었다. 그러다가 336년경 12월 25일을 성탄절로 정하고 지키게 되었다.

주님의 탄생이 늦가을이나 겨울이었다는 사적 증거와 이 시기에 태양이 지평선의 가장 낮은 지점으로부터 다시 올라와 이 땅에 빛을 주는 날이라는 생각에서 이 날을 주의 탄일로 지키게 된 것이다.

성탄절은 1월 6일 주현절까지 계속되는데 한국교회 성탄절 새벽송은 아름다운 풍속이었다. 가난한 집, 병자, 그리고 갇힌 자를 찾아 "기쁘다 구주 오셨네"를 부르면 부르는 자와 듣는 자가 다같이 예수 나심을 즐거워한다.

성탄절의 예전 빛깔은 주님의 부활절 때와 마찬가지로 승리와 청결을 나타내는 흰색을 사용한다.

3) 주현절(主顯節, Epiphany)

역사적으로 동방교회는 주현절을 예수님의 세례와 관련해서 축하하였고, 서방교회는 동방박사의 방문과 관련하여 지켰다. 빛으로 오신 주님을 경배하고 그 앞에 엎드리는 신앙이 강조되며 빛되신 주님을 전파하며 빛의 자녀답게 사는 생활에 힘쓴다.

주현절의 길이는 부활절의 날짜에 따라 변화가 있지만 대체로 6주간이다. 한국에서는 주현절을 지키는 교회가 없다고 생각된다.

4) 사순절(四旬節, Lent)

사순절은 부활절 전까지 40일 동안 신앙성장과 회개를 통한 영적 준비의 시기이며, 주님의 수난과 죽음에 초점이 맞추어지는 기간이다.

사순절이 40일간의 절기로 정해진 것은 7세기이며, 이는 예수께서 광야에서 40일간의 금식기도하신 일과 성경 역사에 나오는 40일의 여러 가지 의미를 살리기 위한 것이기도 하다.

원래 사순절은 부활절에 세례받을 지원자를 준비시키는 기간이었다. 이 기간은 특별히 개인기도와 금식기도를 통해 하나님께 더 가까이 나아가며 그리스도와 더 긴밀히 연합하는 신앙훈련에 힘쓰는 기간이다.

사순절을 위한 예전 색깔은 전통적으로 청결과 영적 씻음을 상징하는 보라색을 사용해 왔다. 그러나 성금요일이 들어 있는 수난주간과 수난주일은 그리스도의 보혈을 상징하는 빨간색을 사용한다.

5) 수난주간(受難週間, Passion Week)

예수 그리스도의 부활을 경축하는 부활절 전 주간을 수난주간이라고 한다. 영국 성공회에서는 부활절 전 40일부터 시작되는 사순절(Lent) 기간 중 각 주간마다 특색 있는 행사를 하지만 보통 개신교에서는 종려주일을 지키고 뒤따르는 한주간을 예수의 행적에 따라서 갈보리의 슬픔과 십자가의 고통을 기억하게 하는 행사를 한다.

(1) 일요일(종려주일, 수난주일)은 수난주간의 첫날로 예수께서 나귀타시고 예루살렘으로 입성하시고 군중들은 종려나무가지를 꺾어다가 길에 깔았고 혹은 겉옷을 길에 펴고 '호산나'를 불렀다(마 21 : 1-11).

고대 로마에서는 수난주간에 법정을 폐쇄하고 죄수에게 은사를 베풀어 석방하며 사죄의 날이라고 불렀다고 한다.

종려주일과 최후 만찬의 목요일과 십자가에 달리신 금요일은 기념 예배를 드리며 그 날에 알맞는 설교를 하는 것은 개신교의 큰 행사의 하나이다.

(2) 월요일(성전 청결의 날)은 예수께서 채찍을 만들어 성전 안에서 돈 바꾸는 자와 비둘기장을 내던진 날이다. 성전을 정결케 한 권위의 날로 성전은 만민이 기도하는 집이라는 말씀을 기억케 하셨다(마 21 : 12 - 17).

무화과나무를 저주함으로 유대인의 외식주의를 책망도 하시고 믿음 없는 제자들을 가르치기도 하셨다(막 11 : 20 - 25).

(3) 화요일(변론의 날)은 예수를 모함하는 자들에게 진리의 말씀으로 답변하신 날이다. 바리새파 사람들과 정치 문제로 변론하셨고(마 22 : 17 - 21, 막 12 : 13 - 17, 눅 20 : 20 - 26), 사두개파 사람들과 종교문제로 변론하셨으며(마 22 : 23 - 33, 막 12 : 18 - 27, 눅 20 : 27 - 40), 율법 교사들과 종교 문제로 변론하셨다(마 22 : 34 - 40, 막 12 : 28 - 34). 긴장된 분위기 속에서 주고받은 변론을 읽고 그 안에서 예수의 교훈을 되새기면 많은 감명을 얻는다.

(4) 수요일(은퇴의 날)은 예수께서 조용히 쉬시면서 수난과 죽음을 맞을 마음의 준비를 하신 날이다. 수요일은 쉬신 날이므로 아무 기록이 없는 날이다. 예수께서는 쉬시지만 사단은 쉬지 않고 가룟 유다와 제사장들이 예수를 잡아 죽일 모의를 계속하고 있었다. 옛날부터 수요일은 가룟 유다의 배신을 기억하고 회개와 금식의 날로 교회가 지켜 왔다고 한다.

수요일은 침묵의 날이지만 주님은 제자들을 불러모으시고 서기관과 바리새 교인들의 위선에 대해 경고하고 교훈하셨다. 성공회에서는 사순절이 시작되는 성회(聖灰) 수요일에 마태복음 23장을 읽고 기도한다.

(5) 목요일(고민의 날)은 니산월 14일에 해당하는 날로서 제자들과 마지막 대화를 하고 성찬예식과 최후의 교훈을 하신 날이다.

제자들의 발을 씻어 주어 세족일(洗足日)이라고도 한다. 특히 새로운 계명과 나를 기념하라고 한 말씀을 실천하는 뜻에서 성찬식을 거행하는 교회도 적지 않다.

그날 밤에 열한 제자와 같이 겟세마네 동산으로 가서 고뇌의 기도를 드렸다. 이날 자정을 기하여 배신자 유다의 신호로 예수께서 체포되셨다(마 26 : 47 - 50, 요 18 : 1 - 9).

(6) 금요일(수난의 날)을 성(聖)금요일이라고 한다. 예수께서 결박을 당하사 심문을 받으시고 십자가에서 죽으심으로 고난을 당하신 날이다. 예수는 십자가 위에서 일곱 번의 말씀(七言)을 남기시고 운명하셨다(요 18 : 1 - 40, 마 27 : 1 - 11, 27 : 32 - 56, 막 15 : 16 - 41, 눅 23 : 25 - 49).

이 날은 일찍이 4세기 초부터 특별한 예배를 드렸으며, 17세기부터 로마 가톨릭교회에서 3시간이나 걸리는 예배를 드리게 되었고, 금요일마다 금식하는 수도사들의 규례도 생겼으며, 개신교에서도 교회 단위로 특별행사를 하게 되었다.

아리마대 요셉이 자기 무덤에 장사함으로 예수의 지상생활이 끝마치는 금요일이 지난다.

가톨릭교회는 수난주간의 행사 중 세족식을 중하게 여겨 교황이 흰 옷을 입고 13명의 가난한 사람의 발을 씻는 의식을 행한다. 그러나 루터는 이 의식을 위선이라고 비난했다.

금요일에는 촛불을 켜지 아니하며 십자가를 검은 휘장으로 가려 예수의 죽으심을 슬퍼한다.

(7) 토요일(비애의 날)은 안식일로 예수가 무덤에 묻히신 날이다. 이 날로 수난주간이 끝나므로 사순절의 최후의 날이 되기도 한다.

성공회에서는 그리스도의 죽고 장사되심과 같이 자신들도 죽고 장사되었다는 뜻에서 세례를 베푸는 시간으로 지킨다(눅 23 : 50 - 56, 요 19 : 38 - 42, 빌 2 : 6 - 10).

수난주간에 특별히 모여 예수의 고난당하신 기록을 그날그날 읽으며 생각하는 것이 신앙생활에 유익하다. 특히 목요일 밤에 성찬식을 거행하며 금요일에 십자가상에서 하신 일곱 말씀을 명상하며 금식의 날로 지키면 교회생활에 도움이 된다. 수난주간에는 가무와 열락을 삼가하며 예수의 수난을 기억하고 뜻깊게 지내야 한다.

6) 부활절(復活節, Easter)

부활절은 하나님의 백성이 죄와 사망의 노예에서 해방된 날이다. 부활절은 교회의 축일 중 가장 오래된 축일이며, 다른 축일의 근원이 된다.

부활절의 날짜는 325년 니케아 회의에서 결정되었는데 모든 그리스도인은 봄의 첫날인 3월 21일 또는 그 이후의 '만월 후의 첫 주일' 또는 만월이 주일인 경우는 그 '다음의 주일'을 부활주일로 받아들이도록 하였다.

부활주일은 우리 주님이 죽음을 정복하시고 살아나신 초자연적인 승리의 주인되심을 축하하는 영광의 주일이다. 이 절기에는 세례를 베푸는 일을 비롯하여 활기에 찬 교회의 모습을 일으켜 나아가는 데 힘써야 한다. 부활절의 빛깔은 축하, 승리, 기쁨을 표시하는 흰색이다.

7) 오순절(五旬節, Pentecost)

오순절은 성령강림으로 교회가 시작된 절기로 성령강림주일이라고도 한다. 성령강림주일은 교회의 생일로 생각할 정도로 뜻깊은 주일이다.

오순절은 성령강림으로 말미암아 교회가 새롭고 능력 있게 출발한 것을 기념하는 절기이며, 따라서 성령의 역사와 열매를 통한 선교 및 그리스도의 증인이 되는 신앙을 강조하는 계절이다. 오순절의 빛깔은 불의 혀처럼 임하신 성령을 상징하는 빨간색이다.

◆ 복 습(질의 응답)

1. 개혁교회가 인정하는 성례전은 무엇무엇인가?
   ① .... ② ....

2. 성례전의 신학적 의미는 무엇인가?(3가지)
   ① ....
   ② ....
   ③ ....

3. 세례는 영적으로는 어떤 의미가 있으며, 외적으로는 어떤 의미가 있는가?
   ① 영적 의미 ....
   ② 외적 의미 ....

4 유아 세례에는 어떤 의미가 있는가?

   ....

   ....

5. 세례를 베푸는 방법에는 두 가지가 있다. 그 의미는 어떠한가?
   ① .... ② ....

6. 성찬예식은 언제부터 생겼는가?

   ....

7. 성찬예식에 대한 입장이 각각 다르다. 어떻게 다른가?
   ① 로마 천주교회(　　　　　설)
   ② 루터교회(　　　　　설)
   ③ 츠빙글리(　　　　　설)
   ④ 칼빈(　　　　　설)

8. 교회력에는 크게 두 가지의 형태가 있다. 그것은 어떤 것인가?

① ....

② ....

9. 다음 교회력의 의미는 무엇인가?

① 대강절 ....

② 성탄절 ....

③ 주현절 ....

④ 사순절 ....

⑤ 고난주간 ....

⑥ 부활절 ....

⑦ 오순절 ....

6. 제직을 세우는 목적

목 적: 제직을 세우는 목적을 연구함으로써 몸된 교회의 제직의 자질을 배운다.

목 표: 1. 교회의 제직이 누구인가를 확인하고
2. 섬기는 자로서의 제직의 임무를 배우고
3. 교회의 주인이 누구인가를 확인하고 제직이 가져야 할 영적 자세를 탐구한다.

진행순서

찬송과 기도로 시작한다. 오늘의 목적과 목표를 청중에게 알려 주고, 강의 후에 질의 응답으로 복습하게 한다.

초기 예루살렘 교회가 시작되어 각처에 교회가 설립되는 중에 바울이 에베소 교회에 편지를 보낼 때는 교회의 조직이 체계화되었다. 그러므로 바울은 그리스도께서 성도 각자에게 나누어 주신 각양 은사에 따라 세우신 직분자들을 에베소서 4:11~16에 기록하였다. 여기에 소개된 교회 직분은 고린도전서 12:28에 기록된 직분과 거의 차이가 없다. 그 당시 교회에는 사도, 예언자, 복음 전하는 자, 목사와 교사 등이 있었다. 직분자들을 세우는 뜻은 성도를 온전케 하며, 봉사의 일을 하게 하며, 그리스도의 몸을 세우려는 데 있었다.

한국 장로교회는 바울이 제시한 직분자들의 직무를 감당하기 위해 목사, 장로, 집사, 그리고 한국교회의 특수한 전통인 권사 등을 세운다. 「대한예수교장로회 헌법」에는 이들이 직원이라고 기록되지만 흔히 제직이라고 부른다.

헌법에 의하면 교회의 직원을 항존직과 임시직으로 구분한다. 항존직은 교회에서 항상 있어야 할 직원이라는 뜻이요, 임시직이란 문자 그대로 임시로 있는 직원이라는 뜻이다. 항존직은 목사, 장로, 집사, 권사로 시무는 만 70세에 정년 은퇴하도록 규정하고 있다. 항존직의 공통점은 교인의 신임을 받아야 하고 안수받아야 한다. 항존직인 목사, 장로, 집사, 권사가 감당해야 할 직무로서 목사는 가르치는 직분을 수행하여야 하고, 장로는 교회의 신령상 관계를 살피며, 집사는 구제와 봉사의 일을, 권사는 궁핍한 자와 환난당한 교우를 심방, 위로하는 일을 해야 한다.

성경에는 여러 가지 은사 중에서 남을 돕는 사람이라는 직책(고전 12:28)이 있다. 그러므로 목사의 일을 돕기 위해 전도사가 있고, 집사의 일을 돕기 위해 서리집사가 있고, 장로의 일을 돕기 위해 영수가 있었으나 지금은 영수직은 없다. 돕는 직무는 임시직으로 시무기간은 1년으로 연임할 수는 있다.

그러면 직분자를 세우는 목적은 무엇인가?

교회의 영적 수준은 당회원의 수준 이상이 될 수 없고, 교회의 활성화는 제직들의 헌신여하에 좌우된다고 한다. 교회에서 특별한 기능을 가진 제직들은 그리스도의 몸의 다른 지체들을 온전케 하며 봉사의 일을 하게 하며 그리스도의 몸을 세우려는 데 그 목적이 있다.

제직은 그 교회 세례교인 중에서 선택된다. 그러므로 제직이 되려면 세례교인의 의무를 잘 감당하는 교인 중에서 선택되어야 한다.

헌법 제2편 제3장 제15조에 교인의 의무는 공동예배에 참석하며 헌금을 드려야 하고 교회 치리에 복종해야 한다고 규정하고 있다. 제직을 세우는 뜻을 달성하려면 먼저 교인의 의무를 잘 감당하여야 한다.

1. 성도를 온전케 하여야 한다

그리스도께서 교회에 직분자를 세우신 첫 번째 목적은 성도를 온전케 함에 있다. 여기에 온전케 한다는 것은 완전한 교인, 성숙한 교인이 되게 하기 위해 교인을 연단하며 훈련시켜야 한다는 뜻이다. 다른 지체를 온전케 하려면 자신부터 교인다운 교인, 성숙한 교인이 되어야 한다. 교인다운 교인이 되게 준비시킬 책임이 직분자에게 있다.

제직들은 교회의 지체인 성도들을 말씀으로 가르치고 양육시켜 영적으로 성숙해지도록 준비시키며, 연단하며 훈련하여야 할 책임이 있다. 성도를 온전케 할 책임은 특별히 직분자인 목사와 장로에게 있다. 「대한예수교장로회 헌법」에 의하면 목사의 자격 중에 '교수의 능이 있는 자' 라고 규정하고 있다. 바울은 감독의 자격으로 "가르치기를 잘하며"(딤전 3:2) 하였으니 교수의 능이 있어야 한다. 목사는 성경을 해석하며 교인들에게 교리를 가르쳐 영적으로 성숙하게 할 책임이 있다.

초대교회에서 사도들은 가르치고 교인들은 그 가르침에 몰두하였으니(행 2:42), 사도는 가르치되 바르게 가르치고 교인들은 그 가르침에 순종하였으니 성숙한 교인, 온전한 성도가 되었다.

목사가 하나님의 말씀으로 가르치는 일은 귀중한 책임인 동시에 거룩한 특권이다. 목사는 성경을 가르치는 교사이며 양무리를 인도하는 목자이다. 목사의 교훈은 성도들에게 선과 악을 분별할 수 있는 지식과 영적 분별력을 줄 수 있어야 한다.

장로의 직무에는 개인적인 직무와 치리회원의 직무가 있다. 장로는 교회의 신령상 관계를 살피며, 교인들이 교리를 오해하거나 도덕적으로 부패하지 않도록 권면하고, 회개하지 않는 자가 있으면 당회에 보고할 책임이 있다.

장로가 성도를 온전케 하려면 교리의 오해나 도덕적 부패를 막으면서 성도를 바르게 인도해야 한다. 그러기 위하여 장로는 지도력도 있고 분별력도 있어야 한다. 장로가 지도력이 없으면 무능해서 교인들에게 도리어 끌려갈 가능성이 있고, 분별력이 없으면 사리를 잘못 판단하여 일을 그르칠 수 있고 성도를 잘못 인도할 수 있다. 장로는 교회의 바른 방향으로 교인들을 바르게 지도할 능력이 있어야 한다. 그럼으로써 성도를 온전케 하여 하나님 나라 확장에 앞장서게 할 수 있다.

2. 봉사의 일을 하게 한다

그리스도께서 교회에 직분자를 세우신 두 번째 목적은 봉사의 일을 하게 함에 있다. 봉사란 섬김의 뜻이다. 교회의 일치를 위하여 섬기는 일을 감당할 수 있도록 성도들에게 섬김의 본이 되라고 세우심을 받은 자가 제직들이다.

예수님의 오심은 섬김받기 위함이 아니라 오히려 섬기려 하고, 많은 사람을 위하여 종이 되고자 함에 있다. 그러므로 예수는 잡히시기 전날 저녁식사 자리에서 제자들의 발을 씻겨 주심으로 섬기는 종으로서의 지도자상을 친히 행동으로 보여 주셨다. 제자들의 발을 씻기신 주님은 제자들에게 "내가 주와 또는 선생이 되어 너희 발을 씻겼으니 너희도 서로 발을 씻기는 것이 옳으니라. 내가 너희에게 행한 것같이 너희도 행하게 하려 하여 본을 보였노라."(요 13:14-15)고 권고하고 명령하셨다.

교회의 제직은 종의 자리에서 몸된 교회를 섬기고 다른 사람들의 발을 씻겨 주는 사람이다. 제직은 예수의 섬김을 본받아 성도들이 그리스도를 본받아 섬기는 자가 되도록 인도하여야 한다. 장로교회의 집사와 권사는 섬기는 직무를 맡은 제직들이다.

3. 그리스도의 몸을 세우게 하려는 것이다

그리스도의 몸을 세우려는 것이 직분자를 세우신 세 번째 목적이자 궁극적 목적이다.

"만물을 그 발 아래 복종하게 하시고 그를 만물 위에 교회의 머리로 주셨느니라. 교회는 그의 몸이니 만물 안에서 만물을 충만케 하시는 자의 충만이니라"(엡 1:22-23).

예수께서 교회의 머리라는 것은 그분이 교회의 주인이시며 교회를 다스리시는 분이라는 뜻이다. 교회의 제직된 우리들은 예수 그리스도께서 이 교회를 세우시고 이 교회를 다스리시며 이 교회를 소유하신 주인이시요, 머리되심을 분명히 믿고 순종해야 할 것이다.

교회는 그리스도가 그 머리되실 뿐만 아니라 그리스도의 몸이다. 그리스도의 몸인 교회는 살아 있는 신령한 유기체이기 때문에 교회의 조직과 지도력의 모든 원리가 여기에 기초하며, 교회가 하는 모든 일은 이것과 조화를 이루어야 한다.

교회를 그리스도의 몸이라고 한 것은 단순히 신체적 몸만이 아니라 인격까지도 포함하는 뜻으로서 머리이신 그리스도와 우리는 하나가 되어야 한다는 의미이다. 그리스도의 몸인 교회는 유기체요 생명체이다. 그러므로 교회를 봄으로 예수를 알게 되고 예수를 볼 수 있어야 한다. 교회에서 예수를 볼 수 없다면 진정한 교회라고 할 수 없다.

교회에 조직과 헌장이 완비되었을지라도 생명이 없다면 예수의 몸일 수 없다. 아무리 오랜 역사와 빛난 전통을 자랑하는 거대한 교회라 할지라도 생명이 있어야 예수의 몸이요 교회이다. 예수의 피, 예수의 생명, 예수의 정신이 있어야 예수의 몸이요, 살아 있는 교회인 것이다.

오늘의 교회가 생명이 있는 교회인가, 죽은 교회인가? 예수의 사랑을 맛볼 수 없는 교회는 하나의 인간 단체는 될 수 있어도 예수의 몸이라고 할 수는 없다.

교회의 머리되시는 그리스도를 모시고 그리스도의 몸된 교회를 세워가는 일에 있어서 신자들을 돌보고 양육하며 그들이 교회를 섬길 수 있도록 훈련시키는 책임은 일차적으로 목사의 책임이요 당회의 중요한 임무이지만, 넓은 의미에서 교회의 모든 제직들의 사명이기도 하다. 그러면 이와 같은 사명을 바로 감당하기 위한 교회 제직들의 자세는 어떠해야 하는가를 생각해 보자. 교회의 머리되시는 그리스도에게 순종하는 자세를 갖게 될 때 제직들은 지배와 복종의 관계가 아니라 사랑과 응답의 관계로 피차간에 순종하며 섬길 수 있을 것이다.

교회의 머리되신 그리스도께서 교회를 위해 자신을 내어 주시고 희생하신 삶을 본받을 때 교회의 제직된 우리는 자기를 희생하면서 충성으로 교회를 섬기게 된다.

◆ 복 습(질의 응답)

1. 교회의 제직은 누구누구인가?

……………………………………………………………………………………

2. 항존직의 공통점은 무엇인가?

……………………………………………………………………………………

3. 임시직이란 무엇인가?

……………………………………………………………………………………

4. 제직을 세우는 목적은 무엇인가?

① ……………………………………………………………………………

② ……………………………………………………………………………

③ ……………………………………………………………………………

5. 그리스도가 교회의 머리라는 말은 무엇을 뜻하는가?

……………………………………………………………………………………

……………………………………………………………………………………

6. 교회는 그리스도의 몸이라고 하는 말은 무엇을 뜻하는가?

……………………………………………………………………………………

……………………………………………………………………………………

7. 장로가 교회를 살피려면 어떠해야 하는가?

① ....

② ....

8. 집사가 교회에 봉사하려 할 때의 유의할 점 몇 가지를 기록해 보자.

① ....

② ....

③ ....

9. 권사가 직무를 잘 감당하려면 명심하여야 할 사항을 기록해 보자.

① ....

② ....

③ ....

10. 제직이 맡은 사명을 감당하려면 어떠한 자세를 가져야 하는가?

....

....

....

7. 평신도 교역자로서의 제직

목 적 : 목사와 평신도의 교역적 사명이 무엇이며, 교역의 본질과 평신도 교역의 내용을 습득한다.

목 표 : 1. 평신도 교역의 성경적 의미를 살피고
2. 사역의 내용과 역할을 규명하며
3. 평신도가 할 수 있는 교역의 구체적인 것을 배운다.

진행순서

찬송과 기도로 시작한다. 오늘의 목적과 목표를 청중에게 알려 주고, 강의 후에 질의 응답으로 복습하게 한다.

1. 평신도 교역의 의미

신약성경에는 신자들을 가리켜 거룩한 하나님의 백성(벧전 2 : 9-10)이라고 하였다. 하나님의 백성이란 하나님을 믿고 그의 아들 예수 그리스도를 주와 구주로 믿는 모든 사람을 가리키는 말이다. 그러므로 교회에서 목사, 장로, 집사, 권사라고 부르는 사람들과 그 밖의 신자들을 다 포함하여 그리스도인은 누구나 다 '하나님의 백성' 곧 신자들이다. 목사도 그리스도를 믿는 무리 중에 포함되어 있는 것은 오순절 이후 시작된 교회에서 예수의 제자인 사도들이 신도에 포함되어 있기 때문이다.

사도들이 지닌 특별한 점은 예수 그리스도의 부르심을 받고 3년 동안 그를 따라다니면서 그의 교훈과 사역을 배우고 그의 후계자로 지명을 받아 예수님이 하시던 교역을 계속한 것이다. 이것이 기독교 원형이다.

사도들이 안수를 받았다는 기록은 없으나 예수의 제자로서, 또 평신도로서 예수님이 하시던 목회, 즉 교역을 한 것인데 말씀을 전하는 설교자로서, 세례와 성찬을 베푸는 사제(司祭)로서, 또 교회를 다스리는 행정인으로서, 섬기는 봉사자로 교역을 한 것이다. 즉 오늘날에 목사가 하는 교역이 시작된 것이다.

사도들이 늙고 병들었을 때는 후계자를 세워 자기들의 일을 계승하게 하였다. 예수님의 교역을 사도들이 이어받고 다시 그 교역을 후계자들에게 이어주었는데 그것이 초대교회의 교역의 계승이었다.

차차 교회 사역이 복잡해지고 박해가 심해지자 교역의 통일성과 효과를 위해 평신도 가운데서 피택된 장로가 교역의 책임을 지게 되었고, 좀더 지나서는 장로들 중에서 대표자를 뽑아 감독이라고 불렀다. 교회가 발전함에 따라 교역을 제도화하여 안수받은 교역자(성직자)와 교역을 맡지 않은 교인(평신도)의 구별이 생기게 되었다.

한국교회도 초창기에는 신학 훈련을 받지 않은 장로들이 교역을 하다가 신학 훈련을 받은 목사가 배출됨으로 교역은 목사가 전담하게 되었다. 이렇게 해서 안수받은 교역자(성직자)와 교역을 맡지 않은 신도(평신도) 사이에 구별이 생기게 되었고, 결국 교역은 감독과 신부와 목사들이 전담하게 되고 신도들은 교역의 대상이 되면서 성직자는 교회와 사회에서 특권을 누리고 신도들과는 계급적으로 간격이 생기게 되었다.

중세기 로마 가톨릭교회는 성직자의 부패와 타락이 극심함으로 신도들은 성직자를 불신하게 되어 마침내 종교개혁운동이 일어나게 되었다.

루터와 칼빈은 신약성경에 기록된 초대교회의 교역을 가능한 한도까지 복구하려고 노력하여 교회는 하나님의 백성의 신앙공동체이며 따라서 신도 대중이 교회를 다스리는 것으로 개혁하였다. 따라서 신도들이 예수 그리스도의 교역을 이어받아서 교역하는 동시에, 목사와 신부도 신도 가운데 포함되어 목사와 신부들은 전문적인 교역의 직분을 위임받았을 뿐이었다. 그러므로 신도들 각자는 여전히 그리스도로부터 이어받은 교역과 교회의 전통을 계승할 책임을 갖고 있다는 사실을 명심해야 한다. 그러므로 교회의 구조도 목사 의존구조에서 전교인 참여구조로 변화되어야 한다.

한국교회 형편을 보면 지나치게 목사 중심 구조로 되어 있다. 그러므로 목사는 전문적으로 훈련받고 교회의 모든 일을 목사가 책임지며 일하는 사람이라는 생각이 있다. 그리고 평신도는 목사를 도와 주는 자일 뿐이며, 목사가 얼마나 일을 잘하는지 관람하거나 감독하는 자라고 생각하고 있다.

성직자와 평신도의 차이는 그 기능과 역할이 다른 것뿐이지 결코 신분상의 차이는 아니다. 목사는 하나님의 말씀을 설교하고 성례전을 거행하는 목회를 위해 부르심을 받고 훈련을 마치고 안수받은 사람이다. 그러므로 목사는 영적 지도력과 그 전문성에 있어서 권위와 신성성을 가지고 평신도들을 인도하고 가르치는 책임을 지니고 있다. 평신도들은 교회를 잘 인도하고 말씀과 가르침에 수고하는 목사를 존경하고 사랑하며 지원할 책임이 있다(딤전 5 : 17).

평신도는 먼저 목사의 목회와 신앙적 지도를 충실하게 받아야 한다. 그리고 교역에 대하여 배워야 한다. 다음으로 평신도는 목사의 목회를 받는 대상이 아니라 목사의 목회를 지원하고 협력하는 동시에 맡겨진 섬김의 직분을 수행하는 평신도가 되어야 한다.

2. 교역의 본질

지금까지 평신도 교역의 중요성을 살펴보았다. 그러면 예수 그리스도를 주로 고백하고 영접함으로 몸된 교회에 헌신하는 모든 신도들이 참여하고 감당해야 할 교역의 본질은 무엇인가?

사도행전 2 : 42~47에 나타난 말씀이 교회 교역의 가장 근본적인 설명이라고 볼 수 있다.

"저희가 사도의 가르침을 받아 서로 교제하며 떡을 떼며 기도하기를 전혀 힘쓰니라.…… 믿는 사람이 다 함께 있어 모든 물건을 서로 통용하고 또 재산과 소유를 팔아 각 사람의 필요를 따라 나눠 주고 날마다 마음을 같이하여 성전에 모이기를 힘쓰고 집에서 떡을 떼며 기쁨과 순전한 마음으로 음식을 먹고 하나님을 찬미하며 또 온 백성에게 칭송을 받으니 주께서 구원받는 사람을 날마다 더하게 하시니라"(행 2 : 42-47).

가르치는 일 곧 교육, 기도하고 떡을 떼며 하나님을 찬미하는 일 곧 예배, 다 함께 있어 모든 물건을 통용하는 일 곧 친교, 예수 그리스도의 부활을 증거하는 일 곧 복음 선포, 그리고 재산과 소유를 팔아 각 사람의 필요에 따라 나눠 주는 일 곧 봉사가 사도적 교역의 중심이었고, 또한 그리스도인의 교역의 결정적 내용이 되었다.

3. 그리스도의 몸된 교회를 세우기 위한 평신도의 교역

교역의 근본적인 성격을 이루는 제사장적 요소와 예언자적 요소를 구성하는 교역의 내용을 분석하면 교회 안을 중심으로 하는 교역과 교회 밖을 중심으로 하는 교역으로 균형을 이루고 있다.

모이는 교회를 중심으로 하는 교역들은 예배와 교육과 친교이며, 흩어지는 교회가 치중하는 교역들은 복음 전파와 봉사이다. 교회 안에서의 평신도의 교역은 그리스도의 몸된 교회를 세우기 위한 교역이라고 할 수 있다.

1) 예배를 위한 평신도의 교역

하나님의 백성이 모인 교회의 가장 중요한 행사는 하나님을 예배하는 일이다. 예배라는 말은 하나님을 찬양하고 높이고 감사하며 충성을 표명하는 뜻을 가지고 있다. 하나님의 백성들이 모여 하나님을 예배하는 일은 모든 회중에게 속한 일이지 목사의 특권 행사로 생각해서는 안 된다.

목사의 설교에 따라 그 예배의 은혜가 좌우되는 것같이 생각하고 그 밖의 예배순서는 의미도 없고 감격도 없고 은혜롭지 못하다고 생각하거나 다른 순서들은 설교만 못하다고 생각하기 쉽다. 그래서 예배는 목사의 설교가 중심이고 따라서 목사의 교역을 대표하는 것을 예배로 간주하기 쉽다. 그러나 예배의 모든 순서에 있어서 평신도의 참여 없이 예배가 진행되는 것은 하나도 없다. 안내, 헌금의 봉사, 그리고 중보기도 또는 대표기도를 집사나 장로들이 맡아서 드리는 교회가 많은데 평신도들이 기도를 잘못함으로써 예배에 흠을 만드는 경우가 없지 않다.

목사를 제사장으로 생각하고 목회기도는 목사가 하는 것으로 인식하는 경우가 많다. 이러한 인식을 긍정적으로 생각할 수도 있으나 평신도의 교역적 직책으로 생각하면 그 기도를 평신도가 맡아도 괜찮다는 결론이 나올 수도 있다.

평신도가 기도를 드리는 경우 기도의 내용이나 언어 사용이나 기도의 순서가 제대로 되어야 하는데 기도의 훈련 없이 기도를 잘할 수는 없다. 그러므로 평신도의 기도 훈련을 목사가 책임지거나 평신도 스스로 기도 훈련을 해야 한다. 그 밖의 예배순서에 있어서도 평신도들은 정성과 지혜와 정력을 쏟아서 예배가 예배답게 되도록 노력하여야 한다.

2) 교육을 위한 평신도의 교역

교회는 교육을 바탕으로 이루어진 곳이다. 예수님은 성과 촌으로 다니시면서 가르치셨고, 부활 승천하시면서도 너희에게 분부한 모든 것을 가르쳐 지키게 하라(마 28 : 20)고 명하셨다.

교회의 교육적 교역은 전통적으로 목사가 주로 맡아 왔다. 그러나 우리가 분명히 알아야 할 것은 교회의 교육적 교역의 사명은 어느 개인에게 속한 것이 아니라 교회공동체의 것이라는 사실이다. 교회교육은 전체 교회가 전체 교회를 가르치는 일이다. 그러므로 교회교육은 가르치는 자나 가르침을 받는 자나 다같이 그리스도인의 공동체에 속한다.

평신도의 교역 중 가장 중요하고 또 많은 평신도들이 실질적으로 하고 있는 것은 교회 안에 있는 여러 가지 교육, 즉 유년주일학교, 중고등부와 대학부와 청년부 등의 교회교육 부문이다. 이 부문에서 평신도가 교회에 많은 도움을 주기도 하지만 반면에 잘못 감당함으로 교회 발전과 교인의 신앙교육에 중대한 타격을 줄 수 있는 가능성도 있다.

어쨌든 교회교육은 극히 어려운 문제인 동시에 중요한 문제임에도 불구하고 우리 교회나 목사들이 소홀히 다루는 경향이 많다. 한 교회나 교단의 교육적 향상과 체질의 변화와 선교 능력의 함양은 교회교육에 달려 있다. 이 중요한 교역의 완수를 위하여 평신도들은 성경에 대한 지식과 신학적 교양, 또 세상의 인문과학의 상식도 충분히 갖추어야 한다.

성숙한 교회는 평신도 교사가 많은 교회이다. 말씀을 가르치는 유능하고 헌신적인 교사가 많은 교회는 언제나 활기에 차며 생동하는 것을 보게 된다. 제직만 아니라 모든 교인은 그들의 가정에서부터 기독교교육의 사명을 수행해야 한다. 가정에서 자녀들을 신앙적으로 교육하는 일은 모든 그리스도인 부모들이 맡은 필수적인 교역적 사명이다.

3) 친교를 위한 평신도의 교역

교회 교역의 성패는 교회 안의 친교의 성패에 달렸다고 한다. 친교의 실패는 교회 자체의 실패가 된다. 이처럼 교회의 친교는 중요한 것이다. 그런데 이 친교를 성공시키는 주체적 책임자는 역시 평신도들이다. 왜냐하면 교회는 하나님의 백성 곧 신도들의 단체이기 때문이다.

교회의 친교의 성공을 위해서는 먼저 일체의 계급의식이나 지위의식이나 차별의식이 없어야 한다. 왜냐하면 교회는 하나님의 백성의 단체이기 때문이다. 평신도란 평등한 시민 또는 서민을 의미한다. 우리는 하나님 앞에서 다 같은 시민이라는 동류의식을 가지는 것이 교회의 친교를 방해하는 모든 요인을 제거하는 방법이 된다.

다음으로 교회의 친교는 우리의 구주 예수 그리스도의 은혜와 하나님의 사랑과 성령의 은사를 받아 그것을 중심으로 나누는 친교라야 성공한다. 만일 교회에 이 거룩한 친교의 힘이 없이 단순히 사람들의 사회적 친교만 있다면 교회는 벌써 없어졌을지 모른다.

다음으로 교회의 친교는 서로서로 섬기고 봉사하는 일을 통해서 이루어진다. 그러므로 봉사와 섬김이 곧 친교의 교역이다. 평신도의 교역은 친교의 성공을 위하여 남을 섬기고 봉사하는 일이다. 봉사와 교역이라는 말은 거의 같은 의미를 가진다. 교회에서 가끔 종이라는 말을 쓰는데 이 종은 봉사자라는 뜻이다.

평신도의 친교적 교역의 장소가 구역모임이다. 구역제도는 교인들의 거주지를 중심으로 해서 지역적으로 조직된 모임이므로 교양과 신분의 차이나 교회 직분의 유무와는 관계없이 모이고 예배드리고 친교하고 서로 돕고 섬길 수 있는 조직이다. 이 구역제도의 성패는 결정적으로 평신도들에게 달렸다.

4. 세상을 위한 평신도의 교역

평신도의 교역의 장(場)은 교회 밖의 세상에도 있다. 세상을 위한 평신도의 교역은 곧 전도와 봉사로 이어진다. 예수께서 "너희는 세상의 빛이라."고 말씀하시고 그 빛은 산 위에 세운 성과 같이 숨겨둘 수 없고 모든 세상을 비춰 주어야 한다고 말씀하셨다.

또한 하나님께서 이 세상을 극진히 사랑하셔서 그의 아들 곧 예수 그리스도 자신을 세상에 보냈다고 말씀하시면서 자기가 보냄을 받은 것과 같이 그의 제자들과 우리들을 세상에 보내신다고 말씀하셨다(마 10 : 40, 눅 10 : 16). 그리스도를 따르는 자는 "내게로 오라."고 하신 주님의 초대에 응답할 뿐만 아니라 또한 가서 복음을 전하고 섬기라고 하신 말씀에 순종하는 사람이다(요 20 : 21).

모이는 교회의 교역을 위한 평신도의 사역도 중요하지만 흩어지는 교회의 교역은 거의 전적으로 평신도들이 수행하지 않으면 안 될 교역이다. 하나님께서는 평신도를 설교단 뒤에나 성찬상 앞에만 세우시지 않고 그들을 사람들이 일하고 놀고 먹고 마시며 잠자고 웃고 울며 살고 죽는 세상 한가운데 세워 놓으셨다. 이처럼 중요한 평신도 교역의 중심이 되는 복음 증거와 봉사의 교역에 대해 살펴보아야 한다.

1) 복음 증거를 위한 평신도 교역

하나님의 백성은 예수 그리스도의 구원의 기쁜 소식을 땅 끝까지 전파하고 증거하는 전도의 사명을 가지고 보내심을 받은 공동체이다(행 1 : 8). 그러므로 평신도의 교회 안의 생활과 교회 밖의 생활이 연결되고 있는지 아니면 단절되고 있는지를 생각해 보아야 할 것이다. 교회의 예배행위가 바깥 세상과는 아무런 관련이 없다고 생각할지 모르나 평신도의 교회 안의 생활과 교회 밖의 생활이 동질화될 때 비로소 복음을 증거할 수 있다.

전도는 예수 그리스도를 세상에 유일한 주님으로 전하고 증거하며, 사람들로 하여금 예수를 구주로 영접하여 하나님께서 주시는 구원을 받도록 초대하고 하나님을 섬기도록 부르는 일이다.

평신도 교역자들은 자기가 처한 장소에서 말과 행동으로 복음을 증거하는 자가 되어야 한다. 그렇게 하려면 복음 증거를 부끄러워하지 않을 뿐 아니라 담대하게 증거하여야 한다.

평신도는 교역의 전문자인 목사가 자주 접촉할 수 없는 장소에서 종사하고 있다. 그러므로 평신도는 그가 종사하는 장소에서 신앙적, 도덕적, 그리고 정신적으로 감화의 영토를 확장해 나가야 한다. 그러므로 교회와 세상 사이의 막힌 담을 헐고 복음을 전할 중요한 책임이 평신도에게 있다고 하겠다.

2) 봉사를 위한 평신도 교역

예수 그리스도는 복음을 전파하시고, 함께 병들고 압제당하고 외롭고 가난한 백성들을 치료하시고, 위로하시는 친구가 되어 먹을 것을 주시며 그들을 위해 봉사하셨다.

봉사의 교역은 말이 아니라 실천이며, 이론이 아니라 행동이다. 그러므로 봉사의 교역은 최전선의 교역이라고 부른다. 그것은 삶의 현장에서 수행하는 교역이기 때문이다.

본회퍼는 크리스천은 단순히 하나님에 대해 말하는 사람이 아니라 그가 세상을 위해 당하는 고통에 동참하는 사람이라고 하였다.

평신도 교역의 봉사는 이웃과 잘못된 주위 환경과 잘못된 제도 때문에 억압받고 억울함과 불행을 당하고 있는 사람들을 돌볼 뿐만 아니라, 그와 같은 불행과 고통을 만드는 요인들을 시정하는 일까지 최선을 다해 힘써야 한다.

목사가 성직자로 생활하는 것이 하나님의 특별하신 부르심을 받아서 하는 일이라고 생각한다면 평신도가 종사하는 직업에 있어서도 하나님의 부르심을 받아 일하는 자이다. 하나님은 모든 그리스도인에게 각각 직업과 신분과 삶의 자리를 주셨다고 우리는 믿는다. 그러므로 모든 사람이 그의 삶의 자리에 있어서 행하는 하나님을 위한 사역은 모두 평등하다.

루터는 이 소명의 평등성에 대해 마루를 닦기 위해 무릎을 꿇고 일하는 하녀나 제단에서 기도하기 위해 무릎을 꿇는 사제나 다 하나님을 기쁘게 한다고 말했다고 한다. 이와 같이 모든 그리스도인들은 자신의 직업과 신분을 통해 하나님께 영광을 돌리며 이웃을 섬기도록 부르심을 받았다는 확신을 가지고 이웃과 세상을 위해 봉사하여야 한다.

평신도가 그의 직업에 성실하고 정직하고 충성스러울 때 그는 소명을 완수하는 것이고, 그의 교역의 한 몫을 감당하는 것이다. 그와는 반대로 그리스도인이 직업에 태만하고 불성실하여 실패하거나 부정한 방법으로 직업에 종사할 때 그의 소명과 교역은 실패하는 것이며, 하나님과 교회의 영광을 가리는 일이 된다.

3) 맺는 말

그리스도의 몸된 교회의 교역은 예배, 교육, 친교, 전도, 봉사로 나누어진다. 예배와 교육과 친교는 모이는 교회의 교역이며, 전도와 봉사는 흩어지는 교회의 교역이다. 전자가 교회의 주체성을 살리는 교역이라면 후자는 교회의 활력을 일으키는 교역이라고 할 수 있다.

이 모든 교역을 수행함에 있어서 평신도의 역할이 얼마나 중요한가를 살펴보았다. 그런데 교회 교역의 성격상 교회의 주체성을 살리는 예배와 교육과 친교의 교역은 교역의 전문가인 목사가 더 치중하여 수행하는 교역들이라면, 교회의 활력을 나타내는 전도와 봉사의 교역들은 평신도들이 중심이 되어 수행해야 할 교역의 장(場)이 되는 것을 볼 수 있다.

그리스도의 몸된 교회는 교회의 주체성과 함께 활력이 항상 계속되어야 한다. 그러므로 성직자와 평신도는 그리스도의 몸의 한 지체로서 머리되시는 주님의 명령과 지시에 순종 보완해 나가는 공동체가 되어야 한다. 교역을 바르게 하려면 무엇보다도 사랑으로 그리스도의 몸을 세워 나가야 한다. 사랑이야말로 교역을 위해 제일 좋은 길이다.

"그런즉 믿음, 소망, 사랑, 이 세 가지는 항상 있을 것인데 그 중에 제일은 사랑이라"(고전 13 : 13).

◆ 복 습(질의 응답)

1. 사도행전에 기록된 교회의 교역은 누가 하였는가?

....

2. 초대교회의 교역의 내용은 각각 무엇인가?

① .... ② .... ③ ....

④ .... ⑤ ....

3. 예수님이 부활 승천하시면서 제자들에게 부탁하신 교훈은 무엇인가?

…………………………………………………………………………………………

…………………………………………………………………………………………

4. 한국교회의 목사 중심의 의존적 목회의 장단점을 생각해 보자.

…………………………………………………………………………………………

…………………………………………………………………………………………

5. 교회의 친교의 교역을 성공시키려면 어떻게 해야 하겠는가?

…………………………………………………………………………………………

…………………………………………………………………………………………

6. 당신의 교회의 모든 교인이 교역자인가? 당신의 대답에 대한 이유를 설명하시오.

① …………………………………………………………………………………

② …………………………………………………………………………………

7. 당신의 교회에서 가장 변화가 필요한 교역은 어떤 것인가?

…………………………………………………………………………………………

…………………………………………………………………………………………

8. 청지기로서의 제직(I)

목 적: 청지기직의 바른 이해와 그 영역이 어떤 것인지를 살핀다.
목 표: 1. 청지기직의 의미가 무엇인지를 살피고
2. 청지기직의 바른 지세를 살펴보고
3. 청지기직의 잘못된 자세를 살펴보며
4. 청지기직의 잘못된 삶을 바로잡는 방법을 알아본다.

진행순서

찬송과 기도로 시작한다. 오늘의 목적과 목표를 회중에게 알려 주고, 강의 후에 토론할 문제를 준비시킨다.

대다수의 교인들은 청지기 또는 청지기직이라는 말을 단순히 헌금, 십일조, 예산과 관계되는 것으로 이해하고 있다. 그러나 청지기직이라는 말은 단순히 교회생활의 재정적인 분야에 국한되는 것이 아니라 삶의 모든 분야에 관계되는 것이며, 하나님의 뜻에 따라 책임 있게 사는 것을 의미한다.

1. 청지기직의 바른 이해

1) 청지기직의 의미

청지기란 주인의 돈, 재산, 물건, 그리고 다른 종들을 관리하는 책임을 진 종을 지칭하는 말로 사용되었다. 따라서 청지기직이나 청지기라는 말에는 신임, 위탁, 관리, 책임의 뜻이 내포되어 있다.

청지기직의 주제는 예수님의 교훈에 있어서 중요한 내용이었다. 예수께서 직접 청지기직, 청지기라는 말을 사용하신 것은 지혜로운 청지기와 어리석은 청지기에 대한 비유(눅 12 : 42 - 48)와 불의한 청지기 비유(눅 16 : 1 - 18) 두 곳밖에 없지만 청지기직의 근본 요소와 동기에 대해 잘 말씀해 주고 있다.

두 비유 모두 도래하는 하나님 나라에서 인간의 마지막 결산과 책임을 묻는 일을 강조하고 있으며, 여기에는 주인, 종, 재산이라는 세 가지 요소가 관련되어 있다.

이 비유들이 강조하는 청지기직의 의미는 주인에 대한 충성, 지혜, 그리고 자신이 맡은 일에 대해 주인 앞에서 결산하는 일이다. 종은 주인이 돌아올 때까지 주인이 맡긴 모든 소유를 그의 재량껏 관리할 책임이 있다. 비유의 중요한 점은 청지기는 주인이 그에게 맡기고 위임한 청지기로서의 책임과 권한 행사에 대해 마침내 주인 앞에서 결산할 때가 있다는 사실이다.

2) 청지기직의 차원

인간의 삶에서 물질적 차원을 결코 무시할 수 없다. 현대 사회는 경제가 세계 도처에서 나라와 사람들의 운명을 바꾸어 버릴 만큼 모든 것을 지배하는 사회이다. 그러나 기독교의 청지기직은 물질의 차원 뿐만 아니라 더 깊은 차원을 내포하고 있다. 기독교의 청지기직은 하나님과 인간의 관계에서 출발한다. 창조주이시요 구속자이신 하나님이 인간과 세계의 주인이시요, 하나님의 형상대로 지음받은 인간은 하나님의 종 곧 청지기라는 원리이다.

인간은 다른 모든 피조물 가운데 유일하게 하나님의 대리인으로 피조물의 세계를 책임 있게 관리할 특권을 부여받았다(창 1 : 28). 하나님의 형상으로 지음받은 인간이 땅에서 하나님의 관리인 곧 청지기의 사명을 맡은 것이다.

하나님께서 인간에게 맡기신 것은 온 세상이요, 따라서 청지기직은 인간의 삶 전체에 해당된다. 신체적, 정신적, 영적, 시간, 능력, 물질적 소유, 우리의 직업, 사회생활 전분야가 청지기직의 무대이다.

인간이 이 놀랍고 엄청난 특권과 책임을 바로 행사하지 못하고 청지기직의 직분을 망각함으로 하나님의 심판을 받을 죄인이 되었을 때, 하나님께서는 예수 그리스도를 보내사 인간의 죄를 구속하시고 새로운 하나님의 백성인 교회를 세우사 청지기직의 사명을 감당하게 하셨다. 그리고 그리스도인들로 하여금 창조와 구속의 하나님의 사역에 동참하여 그리스도 안에서, 그리고 그리스도를 통하여 이룩하실 새 하늘과 새 땅을 준비하는 청지기가 되게 하셨다.

2. 청지기직의 영역

인간은 이 세상에서 하나님의 청지기이다. 개인으로, 그리고 공동체에서 인간은 삶의 모든 분야에서 하나님의 창조와 구속의 목적에 동참하여 섬기며 청지기의 사명을 수행해야 한다. 여기에 인간의 삶의 의미와 가치, 그리고 목적이 있다. 청지기로서의 인간의 책임은 인간의 개인적인 생활과 공동체적 생활의 전분야에 해당한다.

1) 개인적 차원의 청지기직

그리스도인은 하나님께서 허락하신 제한된 시간을 어떻게 지혜롭고 충성되게 활용할 것인가를 늘 생각하며 시간을 아끼라는 교훈과 같이 (엡 5 : 15－16) 삶의 우선 순위를 정하여 열심히 살아가야 한다.

그리스도인은 영적 은사의 청지기로서 책임 있고 효과적인 봉사를 하도록 하나님께서 주신 신체적, 정신적, 영적 은사를 잘 활용해야 한다.

2) 가정을 위한 청지기직

가정은 하나님께서 제정하시고 허락하신 것으로 우리가 이 세상에서 누리는 가장 친밀하고 중요한 관계를 제공하는 곳이 가정이다.

결혼, 출산과 양육, 그리고 부모를 돌보는 일이 이루어지는 가정은 가장 소중한 곳이다. 가정을 통해 사랑을 주고받는 일을 배우며 우리의 삶의 성취와 만족을 경험한다. 그러므로 청지기는 가정생활에 충실하여야 한다.

3) 직업을 위한 청지기직

인간은 하나님께서 지으신 것을 다스리며 지키는 책임을 맡음으로써(창 1 : 28) 직업을 갖게 되었다. 직업은 단순히 생계를 유지하기 위한 수단이 아니라 사회에 공헌하며 하나님께 영광을 돌리는 소중한 삶의 가치가 되어야 한다.

청지기가 무슨 사업을 할 때 그 일이 하나님의 뜻이냐 아니냐를 살피어 신앙양심에 저촉이 없어야 하며 사람에게 유익하냐 유해한 사업인가를 살피며 사회도덕에도 거리낌이 없는 사업이어야 한다.

4) 사회와 나라를 위한 청지기직

청지기는 하나님 나라의 시민이요 동시에 한 나라의 국민이다. 그러므로 그리스도인은 이중의 국적을 가진 자이다. 이 이중 국적을 어떻게 조화시킬 수 있는가?

예수는 하나님의 아들이면서 인간 나라의 일원으로 나라를 위해서도 그 책임을 다하셨다. 그는 유대인으로서 동포를 사랑하였고, 예루살렘의 파멸을 생각하시고 슬퍼하셨다(마 23 : 37－39).

나라를 사랑하는 일은 인간이 가지고 있는 극히 자연스러운 마음이다. 내 생명이 귀하듯이 내 나라도 귀중하다. 그러므로 내 몸을 사랑하듯이 내 나라도 사랑해야 한다.

애국심이란 보수를 바라지 않는 희생적인 것을 의미한다. 애국심이란 조국에 대한 자랑스러움을 간직하는 마음이며, 조국의 유익을 위해 봉사하겠다는 마음이다. 이러한 마음에서 애국의 꽃이 피고 애국의 열매가 결실한다.

5) 교회를 위한 청지기직

교회는 예수 그리스도가 세상에 오신 목적을 대행하도록 부르심을 받은 신앙공동체이다.

예수가 세상에 오신 목적은 무엇인가?

(1) 죄인을 부르기 위해 오셨다(막 1 : 38, 마 9 : 13).

(2) 복음을 전하기 위해 오셨다(막 1 : 38, 눅 4 : 43).

(3) 목숨을 대속물로 내어 놓고 죽기까지 섬기기 위해 오셨다(막 10 : 45, 눅 19 : 10).

교회는 그리스도의 몸으로서 이 땅에 하나님 나라를 선포하고 인간을 구원하도록 부름받은 신앙공동체이다. 그러므로 예수를 믿는 모든 이에게 하나님의 자녀되는 선물을 주셨다. 하나님의 자녀됨의 윤리는 자유와 책임의 원리이며 사랑과 공의와 평화의 실천자가 되어야 한다.

성숙한 그리스도인들은 성령 안에서 하나님의 사랑을 본받음으로서(마 5 : 43-48) 하나님과 예수를 닮아가는 하나님 나라의 왕자(王子)와 공주(公主)로서의 청지기이다.

예배와 교육과 친교는 교회의 사명이며 복음 전파와 이웃 사랑과 섬김은 교회의 핵심 과제이다. 교회는 그 사명과 핵심과제를 실천하기 위해 하나님의 자녀 중에서 제직으로 선택하여 교회에 봉사하게 한다.

그런데 종과 자녀의 구별은 엄격하다. 자녀는 아버지 하나님과 함께 그 왕국의 영광을 누리는 자이지만 종은 기쁘고 즐거운 마음으로 일하기보다 억지로 마지못해 일하는 자이므로 불평과 불만도 많고 일을 하면 대접과 칭찬을 기대한다.

그러나 자녀는 기쁘고 즐거운 마음과 하고 싶은 마음으로 충성을 다해 일하고서도 우리가 마땅히 해야 할 일을 한 것뿐이라고 겸손하게 말한다. 이런 제직이 하나님의 자녀다운 청지기이다(눅 17 : 10).

그러므로 하나님은 인간은 인간답게, 크리스천은 크리스천답게, 제직은 제직답게, 청지기는 청지기답기를 원하신다. 남자답다, 여자답다, 학자답다, 제직답다에 사용되는 '답게' 란 말은 성실한 사람, 진실한 사람, 그 칭호에 어울리게 사는 사람이란 호칭이다. 그러므로 우리는 교회의 제직은 하나님의 자녀다운 청지기이기를 기대한다.

3. 청지기의 바른 자세

일의 성공과 실패는 일을 맡은 자의 자세에 좌우된다. 그러면 청지기로서의 제직의 바른 자세는 어떠해야 하겠는가?

1) 하나님께 충성할 자세가 되어야 한다

주인이신 하나님만을 섬기며 맡겨 주신 사람이나 일과 진리를 위해 목숨을 바칠 각오로 충성해야 한다. 청지기에게 요구되는 것은 충성이다(고전 4 : 2). 한 종이 두 주인을 섬기지 못한다. 한쪽을 미워하고 다른 한쪽을 사랑할 수 없듯이 그리스도인이 하나님과 재물을 함께 섬길 수 없고(눅 16 : 13) 하나님만 섬겨야 한다.

2) 하나님의 비밀을 맡은 청지기에게는 신실한 자세가 요구된다

한국의 교육과 종교는 실패했다고 평한다. 교육은 똑똑한 인재는 양성했으나 참된 인간을 키우지 못했고, 종교는 복받는 사람은 양산하면서도 신실한 교인을 배출하지 못했다고 한다.

복음 전도자 바울은 무엇이든지 참된 것, 경건한 것, 옳은 것, 순결한 것, 사랑스러운 것, 명예로운 것, 덕이 되고 칭찬할 만한 것을 골똘히 생각하라(빌 4 : 8)고 강권하였다.

3) 청지기는 위임 맡은 권한 안에서 주인에게 유익하도록 활용할 자세가 요구된다

성경에는 청지기와 종이 있다. 종은 자기 뜻이나 자기 주장이 있을 수 없고 오로지 주인의 뜻에 복종할 뿐이다. 그러나 청지기는 맡은 일을 관리하기 위해 자기의 재능이나 지혜를 활용하여 주인에게 유익하도록 관리할 자유가 있다. 그러므로 청지기는 주인에게 유익하도록 할 수도 있지만 때로는 주인에게 손해가 되도록 할 수도 있다. 그 자유를 악용하여 불의한 청지기가 될 수도 있고, 그 권한을 선용하여 신실한 청지기로 칭찬받을 수도 있다.

우리는 칭찬받는 청지기인지, 청지기 직책에서 쫓겨나게 된 불의한 청지기인지를 깊이 반성해 보아야 한다(눅 16 : 1 – 13).

4) 청지기는 봉사하는 자세를 가져야 한다

각각 은사를 받은 대로 하나님의 각양 은혜를 맡은 선한 청지기같이 서로 봉사하라(벧전 4 : 10)고 하셨다. 청지기는 각각 자기가 받은 은사를 따라 주를 섬겨야 한다. 그리고 이웃에게 나눔과 섬김의 삶을 실천하여야 한다. 하나의 자선이나 사업으로서가 아니라 함께 더불어 사는 성육신과 같은 차원에서 변화된 삶을 살아야 한다.

봉사라면 교회봉사만을 생각하지만 교회에서의 봉사도 중요하지만 교회 밖에서의 봉사, 즉 불신자들 속에서도 봉사해야 한다. 사회봉사는 교회를 내적으로 단결시키고 성도들의 신앙을 더욱 성숙케 할 뿐만 아니라 교회 요소요소에 새로운 활력소를 불어넣어 주게 된다. 그리스도의 사랑과 섬김의 정신이 실천되는 현장에는 성령이 강하게 역사하신다.

5) 마땅히 하여야 할 일을 하였을 뿐이라는 겸손한 자세가 있어야 한다

청지기는 주인의 명령을 받은 대로 다 하고 나서 "우리는 무익한 종입니다. 우리는 마땅히 하여야 할 일을 하였을 뿐입니다."(눅 17 : 10)라고 하는 겸손한 청지기가 되어야 한다.

잘못된 책임은 자신이 맡고 잘한 일의 칭찬과 영광은 다른 이에게 돌리는 넓은 아량과 겸손을 가질 때 하나님 나라가 확장되는 것이다. 하나님 앞에서 심판받을 때가 있다는 마음가짐으로 봉사해야 한다.

4. 청지기의 잘못된 자세

청지기의 삶의 위치가 잘못 놓여지면 그의 신앙도 그의 생활도 잘못될 수밖에 없다. 잘못된 자세는 자신과 더불어 그가 관계한 모든 일에 어려움이 따르게 된다.

1) 청지기의 삶의 목적이 물질주의 구조 속에 잘못 놓여 있다

물질주의는 돈이 제일이라는 신념이 강하다. 그러므로 물질주의는 영혼보다 육신을, 정신보다 물질을, 도덕보다 재물을 우선 생각한다. 그러므로 물질주의는 현세주의와 배금사상을 낳는다.

일용할 양식을 구하기보다 경제성장과 아울러 소비문화를 부추겨서 향락을 조장하고, 도덕과 윤리를 타락시키고 신앙까지도 부패시키지 않는가? 하나님과 돈을 겸하여 섬기려는 생각은 마침내 하나님보다 돈을 더 앞세우는 황금만능사상에 빠지게 한다. 돈을 사랑하는 것이 일만 악의 뿌리라고 하셨다(딤전 6 : 10). 사람의 사는 것이 그 가산이 넉넉한데 있지 않다는 것을 알고 믿어야 한다.

2) 경쟁주의 풍조 속에 잘못 놓여져 있다

물질주의는 돈을 벌기 위해 치열한 경쟁을 한다. 선의의 경쟁이라 하지만 죄악된 인간들이라 온갖 불의와 부정한 수단과 방법을 경쟁에 동원한다.

경쟁주의는 승리하기 위해 시기와 질투, 그리고 모략과 중상으로 공동체의 질서를 파괴하며 분쟁과 분열을 조장하게 된다. 한 주간 하루도 빼지 않고 경쟁 속에서 살다가 주일날 교회 예배에 참석했다고 달라지지는 않기 때문에 사랑의 공동체를 미움으로 변질시키며, 한마음 한뜻이어야 할 생활공동체를 분리작용을 일으켜 하나이어야 할 교회를 수십 개의 교회로 갈라 놓는다. 그러므로 교회는 경쟁과 승리주의를 철저히 배격하여야 한다.

3) 교회를 세력화하는 구조에 잘못 놓여져 있다

한국교회는 경제성장에 발맞추어 교회가 엄청나게 비대해지고, 그 세력 또한 크게 강력해졌다. 초창기 한국교회는 외양으로나 모이는 인물로 보아 초라한 존재였으나 지금은 강력한 단체로 급부상하면서 사람들의 시선을 끌기에 충분하다. 그 결과 하나님 나라의 확장을 위해 일해야 할 교회가 자체 운영과 발전을 위해 총력을 기울이고 있다. 그리고 큰 단체임을 과시하면서 많은 사업을 자랑하는 교만의 늪에 빠지지 않았는가?

중세 기독교가 세력을 확장해서 이교도를 정복하려고 시도했다가 하나님 나라의 확장보다 교회 자체가 부패와 붕괴를 맛보게 된 역사를 보지 않았는가? 교회는 조직의 힘이나 세속적 권력으로 유지되는 것이 아니라 오직 성령의 힘으로 사람을 회개시키고, 예수를 믿게 함으로 이 땅 위에 하나님 나라를 세워야 한다. 세력화된 교회 속에는 하나님의 교회가 아닌 하나의 인간 집단으로 전락할 위험성이 있다는 것을 명심해야 한다.

4) 교회 봉사가 직업적 자세로 잘못 놓여져 있지 않은가?

한국교회가 비대해지면서 교회 봉사가 직업화되는 현상이 두드러지게 나타나고 있다. 교역자를 위시하여 교회 직원들과 성가대원들, 교회학교 교사들, 심지어 권찰들까지도 물질적 혜택을 바라는 지경에 이르지 않았는가? 교역자의 생활비나 부흥사의 사례비를 흥정하는 지경에까지 이른 것은 봉사정신이 잘못 놓여진 탓이 아닌가? 설사 물질적 혜택은 없다 해도 직분을 맡는 명예라도 있어야 교회를 봉사하겠다는 것은 잘못되어도 너무나 잘못된 것이 아닌가?

옥합을 깨뜨려 값비싼 향유를 바친 마리아나 마르다의 자원봉사의 열정이 기다려지는 시대가 되었음을 한탄한다.

5) 신앙과 생활의 분리현상에 잘못 놓여져 있다

청지기의 삶은 신앙과 생활의 일치에 있는데도 불구하고 실제는 죽은 후에 천당과 세상에서 부귀의 생활로 분리시켜 신앙과 생활을 저 세상과 이 세상만큼이나 멀리 갈라 놓고 있지 않은가?

주일낮 예배당에서는 성자가 되고 다음 엿새 동안은 모리배처럼 살 수는 없다. 교회에서는 신자가 되고 직장에서는 불신자와 같을 수는 없지 않은가? 국 따로 밥 따로식의 생활이 된다면 어찌 하나님 나라의 청지기라고 할 수 있겠는가? 그러나 세속화되고 세력화되어 가는 교회 속에 잘못 놓여진 청지기들 중에 하나님보다 세상 권력자를 더 두려워하면서 힘 앞에 아첨하는 동안 교회 정치도 세상 정치처럼 타락하고 부패하고 있지는 않은가? 하나님의 청지기들이 하나님의 진리와 정의보다 세속적인 권력과 돈에 지배받는 모순을 어떻게 극복할 것인가?

5. 청지기의 잘못된 삶을 바로잡자

누가복음 16장에 불의한 청지기가 주인의 재산을 낭비하다가 쫓겨나게 되었을 때 마지막 기회를 선용하여 도리어 지혜로운 청지기라는 칭찬을 들었다. 어떻게 그렇게 변화될 수 있었겠는가?

(1) 그는 지난날의 잘못을 시인하였다. 사람은 누구나 잘못을 추궁당하면 변명하게 된다. 그러나 불의한 청지기는 "당신 잘못했소!" 할 때 "잘못했습니다."라고 솔직하게 인정했다. 이것이 회개이다. 누구 때문이라거나 무엇 때문이라거나 부득이한 일이라고 변명하지 않고 잘못을 시인한 것이 새롭게 거듭나는 기회가 된 것이다.

(2) 인간은 한계가 있다는 것을 인정했다. 청지기 직분을 빼앗길 것을 인정하고 새롭게 살 길을 찾았다. 어리석은 사람은 건강, 지위, 재산, 명예가 항상 계속되리라고 생각한다. 그러나 건강, 지위, 재산 등은 때가 되면 없어지기도 하고 빼앗기기도 하고 옮겨 가기도 한다는 사실을 인정하여야 한다. 인생은 마지막 때가 있다는 사실을 인정하는 것이 청지기의 지혜이다.

(3) 남은 시간, 남은 권한을 선용할 생각을 했다. 불의한 청지기는 과거의 잘못을 뉘우치면서 앞날을 위해 준비하려는 지혜가 있었다.

첫째, 손에 재물이 있을 때 바르게 써야 한다. 물질적 정신적 소유는 하나님의 것이므로 자기 욕심대로 사는 것은 불의한 행동이다. 하나님께서 나에게 맡겨 주신 것으로 알고 내 손에 있을 때 하나님의 뜻대로 쓰면 상급을 받는다. 삭개오는 죄인이요 불의하게 재물을 모은 부자이다. 그러나 나중에 그는 그 재물을 바르게 썼기 때문에 도리어 축복을 받았다.

둘째, 손에 힘이 있을 때 바르게 써야 한다. 여리고 가는 길에서 강도 만난 사람을 도와 준 사마리아 사람은 하늘의 상을 받은 자이며, 골고다로 가는 길에서 예수의 십자가를 대신 지고 간 구레네 시몬도 하늘의 축복을 받았다. 우리도 힘이 있을 때 주의 일을 해야 하지 않겠는가?

셋째, 손에 권세가 있을 때 바르게 써야 한다. 불완전한 인간이 가지고 있는 교권이나 정권으로 남을 도와 주면 자신에게도 복이 되지만, 그것을 이용하여 남을 해치면 자기 목에 칼을 꽂는 것과 같다. 애굽의 산파들은 히브리 여자들이 해산하는 남자아이를 죽이라는 애굽 바로 왕의 명령을 어기고 어린아이를 살려 주었더니 하나님께서 산파들에게 은혜를 베풀어 그들의 집을 왕성케 하셨다(출 1 : 21).

불의한 청지기는 남은 기회를 선용하여 미래를 준비한 지혜로운 청지기가 되었다. 우리도 그 지혜를 본받아 지혜로운 청지기가 되어야 한다.

◆ 복 습(질의 응답)

1. 청지기직의 뜻은 무엇인가?

 ……………………………………………………………………

2. 청지기직의 영역에는 어떤 것이 있는가?

 ……………………………………………………………………

3. 청지기의 바른 자세는 무엇인가?

 ……………………………………………………………………

4. 청지기직의 잘못된 자세는 무엇인가?

 ……………………………………………………………………

5. 청지기의 잘못된 삶을 바로잡으려면 어떻게 해야 하는가?

 ……………………………………………………………………

9. 청지기로서의 제직(Ⅱ)

목　적 : 성경이 제시하는 원칙에 따른 재물 관리와 그 책임을 살핀다.
목　표 : 1. 재물 소유의 본질이 무엇인지를 성경말씀에서 찾아보고
2. 재물에 대한 바른 자세를 규명하고
3. 헌금의 목적, 동기, 바른 자세를 살핀다.
진행순서
찬송과 기도로 시작한다. 오늘의 목적과 목표를 회중에게 알려 주어 재물에 대한 그리스도인의 바른 정신과 태도를 갖게 한다. 질의응답으로 재물에 대한 성경의 교훈을 익히게 한다.

1. 물질 소유의 청지기직

1) 물질 소유의 본질

인간은 물질세계에 살도록 지음받았으며, 성경은 사람이 물질을 소유하는 권리와 목적, 그리고 그 위험성과 한계에 대해 말씀하고 있다.

기독교는 사람이 물질을 소유하는 일의 타당성을 인정한다. 예수는 교훈 가운데 물질 소유와 부의 위험성을 말씀하시지만 이것은 물질 소유를 부인하는 것이 아니라 물질숭배를 경고하시는 것이다(눅 12 : 15).

구약성경은 물질 그 자체는 악한 것이 아니며, 작든지 크든지 물질적 부는 하나님의 선물이기 때문에 그것을 하나님의 영광을 위해 잘 사용할 책임이 있다는 것을 가르쳤다(창 26 : 12－13, 말 3 : 10－12).

물질은 사람의 관심을 하나님 나라에 두지 못하게 하고 세상적인 소

유를 추구하는 데 빠지게 한다. "이것을 사모하는 자들이 미혹을 받아 믿음에서 떠나 많은 근심으로써 자기를 찔렀도다."(딤전 6 : 10)라고 하였다.

더 많은 소유를 추구하는 가운데 소유의 양이 가치를 재는 척도가 되고 물질의 소유가 존재의 가치의 전도를 가져오게 한다. 급기야 물질의 소유 자체가 삶의 목적이 되어 버려 인간을 소유의 노예로 만들어 버릴 위험이 있다.

자본주의는 소유의 본능 위에 서 있다. 그러나 소유의 욕망이 절제되지 않은 무한정한 탐욕으로 변질될 때 인간성은 황폐해지고, 인간은 가장 추한 존재로 추락하고 만다. 여기에 자본주의를 사는 청지기들에게 교회가 갖는 중요한 역할과 사명이 있다.

옛날 한국의 선비들은 술은 반취(半醉)가 좋고 꽃은 반개(半開)가 좋고 복은 반복(半福)이 좋다고 했다. 너무 많은 풍요한 상태를 바라는 것은 오히려 불행을 가져오는 '눈물의 씨앗'이 된다고 믿었다.

2) 물질 소유의 청지기

물질에 대한 바른 이해와 태도는 바르게 얻고 옳게 사용하는 행동으로 옮겨야 한다. 청지기는 무엇보다 먼저 하나님께서 인간의 필요한 것을 채워 주신다는 것을 확신하고, 먼저 그의 나라와 그의 의를 추구하는 자세를 가져야 한다.

기독교의 청지기 정신은 무절제한 탐심으로부터 인간을 해방시킨다. 그리고 자기의 소유를 이웃과 나누며 모두가 더불어 함께 살아가는 '나눔의 기쁨'과 '나눔의 가치'를 가르친다. 사람은 빵(물질) 없이 살 수 없다. 그러나 빵만으로 사는 존재가 아니다. 더 많은 소유가 반드시 인간의 행복을 가져다 주는 것도 아니다. 그러기에 예수께서는 "사람의 생명이 그 소유의 넉넉함에 있지 아니하다."고 말씀하시고 "주는 것이 받는 것보다 복이 있다."고 하셨다.

선한 청지기는 그의 물질적 부와 소유를 어떻게 사용해야 하는가? 가장 중요한 원리는 우주 만물을 창조하신 하나님의 뜻에 맞도록 써야 한다는 것이다.

첫째, 개인의 삶에서 물질 소유는 살아가는 데 필요한 의식주의 기본적인 충족을 채워 주시는 하나님의 선물이다(마 6 : 25－33, 딤전 6 : 1－9). 우리는 우리의 소유를 우리 가족을 돌보는 데 사용해야 한다(마 15 : 3－6, 딤전 5 : 8, 16).

둘째, 그리스도인은 이중 국적을 가진 청지기이다. 국가의 시민으로 전체 사회를 질서 있게 유지하고 발전시키기 위해 노력하는 정부에 세금을 바치는 데 사용되어야 한다(마 22 : 15－21, 롬 13 : 1). 또한 하나님 나라의 시민이기도 한 그리스도인은 하나님 앞에 헌금하여야 한다(청지기와 헌금 참조).

셋째, 청지기는 굶주리고 목마르고 병들고 갇힌 자들, 그리고 집 없는 사람들, 고아와 과부와 가난한 자들을 돌보는 데 그 소유와 부를 사용해야 한다. 그리스도인은 복음 사역과 선교를 위해 그의 소유와 재산을 규칙적으로 몫을 정하여 하나님께 드려야 한다(고전 16 : 2).

그리스도인은 하나님 나라를 구하는 것이 삶의 우선 순위가 되어야 하며, 이를 위해서 물질적인 희생을 기쁘게 감당해야 한다.

2. 청지기와 헌금

헌금이란 하나님 앞에 바치는 돈이나 물건이다. 구약에서 나타나고 있는 헌금의 규정과 개념은 십일조이다(레 27 : 30).

신약에는 헌금에 대한 예수의 교훈과 바울의 가르침이 있다. 예수는 과부가 헌금한 렙돈 두 닢이 곧 생활비 전부를 바친 것이라고 교훈하셨고(막 12 : 41－44, 눅 21 : 1－4), 바울은 헌금에 대해서 곧 아까워하면서 마지못해 내는 일이 없도록 하라고 가르치셨다(고후 9 : 7－15).

1) 헌금의 목적

헌금의 목적은 무엇보다 하나님께 영광을 돌리기 위함이다. 헌금은 하나님께 대한 찬양과 감사의 표시이며, 또한 다른 사람들의 필요를 돕기 위함이다. 하나님에 대한 사랑은 이웃에 대한 사랑과 분리될 수 없다. 헌금을 드리는 일을 통해 우리는 성숙한 그리스도인으로 성장하는 훈련을 하게 된다. 헌금은 하나님과 이웃을 사랑하는 행동이며, 이 사랑의 실천과 훈련을 헌금을 통해 하는 것이다. 마지막으로 헌금은 교회의 복음 사역과 선교를 위해 드려지는데 그리스도인은 그리스도의 몸된 교회의 내적인 삶과 외적인 사역과 선교를 위한 재정적 지원을 할 책임이 있다.

2) 헌금의 정신

헌금의 목적을 바로 깨닫지 못하면 우리는 잘못된 정신으로 헌금하기 쉽다. 예수께서는 사람에게 보이기 위한 헌금을 책망하셨다. “사람에게 보이려고 그들 앞에서 너희 의를 행치 않도록 주의하라”(마 6 : 1). 또한 보상과 번영을 바라고 헌금해서도 안 된다.

헌금은 하나님의 종으로서 마땅히 해야 할 의무이다(눅 17 : 7－10). 어떤 사람은 교회에서 자기의 세력을 얻기 위해 헌금하기도 하고, 또는 율법적으로 양심의 요구를 만족시키기 위해 헌금하기도 한다. 이런 잘못된 정신으로 헌금을 드릴 때 교회가 그 헌금을 받을지라도 하나님은 그들의 마음 중심을 받지 않으신다. 우리는 바른 정신에서 헌금을 드림으로 하나님을 기쁘시게 하고, 헌금을 드리는 기쁨과 보람을 맛보아야 한다. 다음은 성경에서 이야기하는 헌금의 정신이다.

(1) 구약의 정신

첫째, 모든 물건은 하나님의 것이라는 사상이다(학 2 : 8, 시 50 : 11－12). 즉 십분의 일을 바치는 일에 이스라엘인들이 충실한 것은 하나님의 소유에 대한 인식과 하나님의 주권 인정의 정신이 포함되어 있기 때문이다.

둘째, 첫 번째 것은 하나님께 드려야 한다는 사상이다. 농작물의 처음 열매, 가축의 처음 새끼, 자손 중의 장자를 하나님께 바치는 행위를 신앙의 표현으로 삼았다.

셋째, 가장 좋은 것을 바친다는 생각이다. 자신이 얻은 물건 중 가장 가치 있는 것을 먼저 하나님께 드린다는 신앙적 고백이 있고, 이것은 하나님의 축복에 대한 감사의 뜻이 포함된 것이다.

(2) 신약의 정신

첫째, 미리 준비하는 마음이다(고전 16 : 1-2). 단순한 기분과 느낌에 의해 행하는 헌금이 아니라 준비되고 계획된 정성과 마음으로 바치는 헌금이어야 한다.

둘째, 하나님의 은혜에 참여하는 정신이다(고후 8 : 4). 바울은 헌금을 드릴 수 있는 사실이 곧 은혜라고 이해하고 있다.

셋째, 먼저 자신을 드리는 것이다(고후 8 : 5). 물질이나 헌금을 드리기 전에 먼저 자기 자신을 드리는 자세가 강조되고 있다. 이는 곧 헌신하는 마음을 뜻한다.

넷째, 감사하는 마음과 기쁜 마음으로 드리는 것(고후 9 : 7)을 강조하고 있다.

다섯째, 힘에 지나도록 자원해서 드리는(고후 8 : 3) 정신이어야 한다. 즉 전혀 손해가 되지 않을 만큼 드리는 개념과는 상반된다.

여섯째, '헌금은 교회적인 사역' 임을 강조하고 있다. 곧 헌금은 개인적으로 주고받는 것이 아니라 교회공동체의 상황 속에서 행해지는 것을 의미한다.

일곱째, '주의 영광을 위해 쓰여지도록 드리는 것' 을 나타내고 있다.

3) 헌금의 자세

어떤 종교의식이든지 공통점이 셋 있다. 하나는 노래요, 다른 하나는 기원이요, 또 다른 하나는 헌물이다. 저급 종교이든 고급 종교이든지 종교예식에는 노래, 기원, 헌물이 있다. 그 중에도 기독교는 찬송을 많이 부르고 기도도 열심히 하고 헌금도 잘한다. 기독교에서 드리는 헌금은 어떤 자세로 드려야 하는가를 살펴보아야 한다.

첫째, 헌금은 감사의 표현이다. 하나님이 우리에게 주신 은혜에 대해 감사하는 표현으로 예배를 통해 드리는 제물이 헌금이다. 헌금은 하나님이 주신 모든 은혜에 대한 감사인 동시에 하나님을 전적으로 믿는 신앙의 실제적인 행위이다. 그러므로 헌금은 주의 은총에 대한 응답으로 드리는 감사의 표현이다.

둘째, 헌금은 신앙의 표현이다. 그리스도인은 하나님이 무한한 은혜에 대하여 감사하는 마음이 있다. 그러므로 헌금은 아까워하거나 마지못해 드리는 것이 아니라 기쁜 마음으로 드리는 신앙의 표현이다. 드리는 헌금을 다 써도 생활에 어려움이 있지만 공중에 나는 새도 먹이시고 들에 피는 백합화도 입히시는 하나님이 먹이고 입히실 것을 믿고 드리는 것이 헌금이다. 그러므로 헌금은 믿음이 있어야 드린다는 말이 있다.

셋째, 헌금은 헌신의 표현이다. 그리스도인은 교회와 사회와 하나님께 대하여 어떤 의무를 지니고 있다. 헌금은 교회를 통하여 이러한 의무를 다하기 위한 실천적 행위의 하나이다. 그러므로 헌금은 헌신의 표현이다. 몸으로 산 제사를 드려야 할 그리스도인들이 땀흘려 애써 번 돈을 드리는 것은 헌신적 행위의 하나이다. 헌금만이 헌신의 표가 되는 것은 아니지만 헌금은 헌신을 나타내는 데 매우 구체적인 방법이 된다.

넷째, 보답의 표현이다. 그리스도인은 하나님께 많은 은혜를 받았다. 받은 은혜에 대한 보답으로 드리는 것이 헌금이다. 헌금한다고 은혜의 보답이 되는 것은 아니지만 은혜를 받은 자의 보답의 표현이 헌금이다.

헌금은 예배시간에 예배의 일부로서 드리는 예배행위이다. 그러므로 하나님의 거룩한 일에 참여하는 정신으로 드리는 것이 헌금이다. 그리스도인들은 하나님의 청지기로서 각종 소득이 있을 때마다 하나님이 주신 은총에 보답하는 심정으로 헌금해야 한다.

4) 헌금과 보상

많은 신자들이 헌금과 십일조를 하나님께 드리면 하나님께서 더 풍성하고 좋은 것으로 복 주실 것이라는 보상관념을 가지고 있다. 헌금과 하나님의 복에 대한 두 가지 극단을 피해야 한다. 첫째는 하나님의 복을 받기 위해 헌금한다는 생각이고, 둘째는 상금이나 보상에 대한 생각은 인간적인 선행의식에서 나온 잘못된 것이니 전적으로 버려야 한다는 입장이다. 성경은 하나님의 보상에 대해 분명히 말하고 있다. 그러나 하나님의 보상은 순전히 하나님께서 주시는 선물이지 우리의 공로나 행위로 얻는 것이 아니다(마 20 : 1-10, 눅 17 : 7-10). 예수께서는 하나님이 주시는 상급은 물질적인 것보다는 영적인 것임을 강조하셨으며, 또한 장차 하나님의 심판 때 받는 것으로 말씀하셨다(눅 10 : 20, 14 : 12-14, 마 5 : 3-12).

5) 헌금의 관리

바울은 "맡은 자들에게 구할 것은 충성이니라."(고전 4 : 2) 하였으니, 교회 헌금을 맡은 관리자가 충성하지 않으면 아무것도 되지 않는다. 가룟 유다는 예수의 제자단의 회계로 돈을 맡아 자기 유익을 위해 훔쳐낸 불의한 청지기였다(요 12 : 6).

헌금 관리에 있어 옳은 방법을 살펴보면 다음과 같다.

첫째, 하나님의 뜻대로 사용하여야 한다. 교회에서 재정을 맡은 관리자가 경제만을 생각하는 버릇은 버려야 한다. 먼저 생각할 것은 하나님의 뜻이 무엇이며, 교인들이 바라는 바가 무엇인지를 생각해 보아야 한다.

하나님은 우리에게 모든 것을 후히 누리게 하시는 분이심을 기억하여야 한다(딤전 6 : 17). 재정을 올바르게 사용하여 하나님의 뜻을 성취시키는 것이 재정을 맡은 자의 의무이다.

교회는 어떻게 비용을 적게 들여 운영할까를 생각하기보다 어떻게 하나님의 뜻대로 경비를 사용할 수 있는가를 생각해야 한다. 어떤 신학자는 교회는 돈을 저축하는 곳이 아니라 돈을 쓰는 곳이라고 말했다.

둘째, 교인의 뜻대로 사용되어야 한다. 교회의 재정은 교인들의 결의기관인 공동의회에서 결정되며, 공동의회에서 결의한 대로 사용되어야 한다. 재정은 당회 마음대로 사용되어도 안 되고, 제직회는 재정을 바르게 취급할 의무가 있다.

헌금자의 뜻에 어긋나게 관리되어도 안 되고 지정된 헌금은 지정된 용도에만 사용되어야 한다. 예산 항목의 변경이나 예산의 변경 등은 절차에 따라 수정 결의한 후에 취급되어야 한다. 재정을 취급하는 집사나 회계나 재정부원은 자신도 헌금을 충실히 하여야 한다. 교인들이 정성으로 드린 헌금을 취급하는 관리자가 헌금에 충실하지 않으면 그 헌금을 취급할 자격이 없다.

교역자의 생활비는 사례금이나 구호금이 아니다. 교역자는 그것을 받을 권리가 있다(고전 9 : 1－14). 따라서 교회와 교인들은 교역자에게 생활비를 지급할 의무가 있다(갈 6 : 6). 인색함이 없이 드려야 풍성한 축복을 받는다(왕하 4 : 9－10).

셋째, 헌금은 분명하게 취급되어야 한다. 바울은 교회 헌금 관리자로서의 명예를 손상시키지 않기 위해 또는 헌금자가 안심하고 헌금을 위탁하도록 하기 위해 여러 가지 배려를 했다.

바울은 예루살렘 교회에 송금할 때도 “내가 이를 때에 너희의 인정한 사람에게 편지를 주어 너희의 은혜를 예루살렘으로 가지고 가게 하리니 만일 나도 가는 것이 합당하면 저희가 나와 함께 가리라.”(고전 16 : 3－4)고 재정 취급을 신중히 했다. 재정은 한 사람이 취급하는 것보다 두 사람이 취급하는 것이 더 믿음직스럽다는 것이다. 그러므로 안디옥 교회도 예루살렘 교회에 구제금을 바나바와 사울의 손에 맡겨서 보냈다(행 11 : 30)고 하였다. 이렇게 충실한 관리가 보증됨으로 안심하고 헌금을 드리게 된다고 하겠다.

교회의 재정을 지출한 경우 영수증은 반드시 첨부되어야 하고, 물품 구입 등은 할 수 있으면 두세 사람이 맡아야 한다. 그러므로 교회 재정은 매달 제직회에 보고하며, 연말에는 반드시 감사를 받아 공동의회에 보고되어야 한다. 재정으로 인한 시험을 미리 방지하기 위해 재정 취급은 분명히 하여야 한다.

◆ 복 습(질의 응답)

1. 물질 소유의 본질은 무엇인가?

....

2. 헌금의 목적은 무엇인가?

....

3. 헌금에 대한 성경적 정신은 무엇인가?

① 구약에서 ....

② 신약에서 ....

4. 헌금의 자세는 어떠해야 하는가?

....

5. 헌금의 보상은 무엇인가?

....

6. 헌금 관리의 옳은 방법은 무엇인가?

....

10. 영성훈련과 제직

목 적: 장로교 영성은 기도와 성경연구를 통한 훈련을 강조한다.

목 표: 1. 기도가 무엇인지를 바르게 이해하며, 기도를 통해 얻는 힘이 무엇인지 살펴본다.

2. 개혁신앙적인 성경관과 성경공부의 영역을 살펴본다.

진행순서

찬송과 기도로 시작한다. 오늘의 목적과 목표를 청중에게 알려 주면서 장로교와 개혁신앙의 전통에서 기독교 영성은 기도와 성경연구에서 얻는 것임을 깊이 인식시켜야 한다. 강의가 끝난 후 질의 응답으로 강의 내용에 대한 토론이 있어야 한다.

1. 영성과 제직

영성이란 자기 중심의 생활에서 하나님 중심의 생활로 전환하는 것을 의미한다. 인간은 스스로 자신의 삶을 운영하고 지배할 수 있다고 생각할 때 그는 하나님을 찾지 않는다. 인간이 하나님께 의존하지 않고 자신의 지식과 경험, 그리고 자기 지혜로 살 때 인본주의자가 된다. 그러나 사람들은 이 거칠고 악한 세상을 살아가면서 상처와 고통과 혼란에서 벗어날 수가 없다. 이때 비로소 하나님을 찾게 되고 하나님의 사랑을 갈망하게 된다.

인간은 하나님의 형상대로 창조된 영적 존재이다. 그러기에 인간은 하나님과의 관계를 바르게 하지 않고서는 바르게 살아갈 수가 없다. 더

구나 제직은 하나님을 알고 하나님과 교제하는 삶이 되어야 한다.

1) 기독교 영성의 의미

기독교 영성은 인간이 하나님을 알고 만나며 하나님과 함께 살면서 하나님 안에서 이웃을 만나며 사랑하며 섬김으로 하나님의 뜻에 따라 실천하는 것이다.

인간은 하나님께서 지으신 피조물로서 그의 형상을 따라 영적 존재로 지으셨다. 그러기에 인간은 하나님과 바른 관계 없이는 살 수 없다.

죄를 범한 인생은 생명의 근원이신 하나님을 떠남으로 영적으로 죽었다. 그의 영성은 파괴된 것이다. 이 죽은 인생을 살리시고 하나님과의 교제를 회복시키기 위해 예수 그리스도께서 오셨다. 예수께서는 십자가 위에서 대속의 피를 흘리심으로 인간의 죄와 죽음의 문제를 해결하시고, 누구든지 주님을 믿는 자는 멸망하지 않고 영생을 얻게 하셨다.

영성의 충만한 삶은 곧 성령충만한 삶이다. 성령충만의 삶은 성령의 인격적 지배를 받고 그에게 순종하는 하나님 중심의 삶이다. 그리스도인은 교회 안에서나 교회 밖인 세상에서나 언제나 성령의 인도를 받아 하나님을 사랑하고 이웃을 사랑하는 실천적인 삶을 살아야 한다. 그러므로 영성훈련은 전인격적이요, 총체적인 신앙훈련이요, 그리스도 중심의 삶을 훈련받는 것이며, 교회를 섬기고 세상에 나가 봉사하는 삶을 훈련받는 것이다.

영성의 핵심은 무엇보다도 하나님과의 생명적 관계에 있다. 말씀과 기도를 통한 훈련은 하나님과의 건강한 생명적 관계를 유지시키고, 그리스도인의 영성을 활기 있게 하고 아름답고 밝게 한다.

2) 장로교 영성의 유산

장로교는 차다는 비판을 받는다. 성령운동을 강조하는 교회의 예배 분위기와 비교할 때 엄숙하고 질서 있는 전통적 예배형식과 분위기를 가지고 있는 장로교 예배는 외면상으로 볼 때 열기가 없게 느껴질 것이다. 그러나 한국교회 역사상 부흥운동을 일으킨 것은 장로교 길선주 목사이다.

1907년 그때 겨레는 나라의 역사가 잠시 중단된다 할지라도 단절되지 않는 하나님의 섭리에 따라 언젠가는 의로운 자가 축복을 받을 때가 있다는 희망을 버리지 않고 새벽기도회를 세계교회사상 한국에서 처음 실시하였고, 통성(通聲)기도라고 해서 교인들이 예배 도중 함께 소리내 기도하는 의식은 길선주 목사의 창안이었다. 성령의 임재에 대한 체험적 고백이나 그 정서적 표현이 경건하게 감싸는 신앙생활의 모두가 이 때부터 시작되었다. 그러므로 장로교는 영성의 깊은 전통과 풍토를 지니고 있다.

장로교 제도와 신학의 창시자인 칼빈은 하나님의 말씀에 대한 깊은 연구와 명상과 기도를 강조함으로 그리스도께서 보이신 진정한 영성을 실천하였다. 참된 영성은 기도와 성경연구에서 이루어진다. 그러므로 제직들은 기도와 성경연구에 힘써서 성령에게 이끌리는 영성의 봉사자가 되어야 한다.

2. 기도는 이렇게

1) 기도는 무엇인가?

(1) 하나님과의 대화이다

대화이므로 주고받는 이야기이다. 대화라면 일방적인 자기 이야기만 할 수는 없다. 내 욕심만을 말할 수는 없다. 우리의 기도에는 복을 바라고 화를 면하게 해달라는 말이 너무 많다. 겸손한 마음, 정성스러운 마음, 경건한 마음, 감사한 마음으로 기도해야 한다.

(2) 하나님과의 영적 교제이다

기도는 종교의 핵심이요, 신앙의 등뼈요, 하나님과의 교통이다. 하나님과 교제를 하려면 그분을 바로 알아야 하고, 그가 바라는 것을 알아야 교제가 된다. 그의 은혜도 알고 그의 도와 주심을 바로 알고 감사하는 생각이 있어야 교제가 된다.

기도는 나를 자랑하기 위해서 하는 것도 아니고 남에게 보이기 위해서 하는 것도 아니다. 기도는 결코 심심풀이로 하는 것이 아니다. 겸손한 마음, 정성스러운 태도로 은밀한 가운데 계신 하나님과 교제가 이루어져야 한다.

(3) 기도는 정신적 영적 호흡이다

호흡은 숨을 쉬는 것이다. 생명을 가진 인간은 숨을 쉬어야 살 수 있듯이 신앙인은 하나님께 기도로 숨을 쉬어야 한다. 숨은 내 편에서 내보내기도 하지만 상대방의 숨을 받아들이기도 한다. 기도는 내 뜻을 아뢰기도 하고 하나님의 뜻을 받아들이기도 한다. 기도가 숨이라면 기도하는 때와 장소가 따로 있을 수 없다. 언제 어디서나 숨은 쉬어야 하듯 기도는 언제 어디서나 해야 한다.

2) 이렇게 기도하지 말라

예수는 기도를 교훈하시면서 이렇게 기도하지 말라고 하셨다.

(1) 외식하는 자와 같이 하지 말라(마 6 : 5)

사람에게 보이기 위해 회당과 큰 거리 어귀에 서서 기도하는 것을 금하셨다. 기도는 자기 자랑이 아니요, 남에게 보이기 위한 선전도 아니다. 골방에 들어가 은밀한 중에 계신 아버지께 기도하라고 하셨다.

기도할 때 본래의 나 자신으로 돌아가야 한다. 내 모든 것을 내어놓고 알몸이 되어 기도해야 한다. 세리의 기도처럼 "나는 죄인이로소이다."의 기도가 되어야 한다(눅 18 : 13).

교만의 옷을 벗고 허영의 마음을 버리고 탐욕의 생각을 죽이고 참된 자기로 돌아가서 기도해야 한다. 그런 기도만이 하나님 앞에 상달되어 우리에게 힘을 주신다. 그러므로 우리는 기도할 때 어린이가 아버지를 부르듯이 "아버지시여, 하나님이시여"라고 부른다. "제 기도를 들으소서, 제 뜻을 이루어 주소서, 제 소원을 성취시켜 주소서." 하고 간절히 기도한다.

(2) 이방인과 같이 중언부언하지 말라

"저희는 말을 많이 하여야 들으실 줄 생각하느니라. 그러므로 저희를 본받지 말라. 구하기 전에 너희에게 있어야 할 것을 하나님 너희 아버지께서 아시느니라."(마 6 : 7－8)고 하셨다. 백일기도, 천일기도, 금식기도, 철야기도의 공로로 구원받는 것이 아니다. 기도는 하나님과의 대화요 교통이므로 말을 많이 한다고 들으시는 것이 아니라 기도하는 자의 마음자세가 문제가 된다.

자기 잘못을 뉘우치고 용서를 비는 참회의 기도가 있어야 한다. 하나님의 영광과 그 위대함을 찬양하는 찬탄(讚嘆)의 기도가 있어야 한다. 소중한 생명과 자유를 주신 하나님께 감사드리는 감사의 기도가 있어야 한다. 간절한 소원을 성취케 해달라는 희구(希求)의 기도가 있어야 한다.

기도 속에는 죄에 대한 참회가 있고, 영혼에 대한 깊은 고뇌가 있고, 내면의 간절한 간구가 있고, 감사와 찬미의 노래가 있다.

3) 이렇게 기도하라

예수께서 기도하시고 마쳤을 때 제자 하나가 요한이 그 제자들에게 기도를 가르쳐 주신 것같이 우리에게도 기도를 가르쳐 달라고 했다(눅 11 : 1). 신앙은 가르침을 받거나 배워서 아는 것이 아니다. 베드로의 신앙고백을 들으신 예수는 "시몬아, 네가 복이 있도다. 이를 네게 알게 한 이는 혈육이 아니요 하늘에 계신 내 아버지시니라."(마 16 : 17) 하신 것을 보면 신앙은 하나님의 은혜로 믿게 되는 것이다. 그러나 기도는 가르침을 받아야 한다.

예수께서 가르치신 기도는 주기도이다. 기도의 대상은 하늘에 계신 우리 아버지이시며, 기도의 내용은 하나님과의 관계에 있어서 하나님은 하늘에 계신 우리 아버지요 우리는 그의 자녀의 관계이다. 물질과의 관계는 오늘날 일용할 양식을 주옵시고이다. 이웃과의 관계는 서로 용서하고 시험에 들지 않기를 간구했다. 기도는 신앙공동체의 기도이어야 한다.

4) 기도는 남을 위한 기도이어야 한다

미신적 기도는 자기 중심의 기도요, 기독교의 기도는 남을 위한 기도이다. 주기도는 우리의 기도이다. 어리석은 부자 비유(눅 12 : 16－21)에 보면 한 부자가 그 밭에 소출이 풍성하여 곡식을 쌓아 둘 곳이 없으니 곡간을 헐고 더 크게 지어 모든 곡식을 쌓아 내 영혼을 즐겁게 하리라 하였다. 여기에서는 내가 중심이다.

예수께서는 제자를 위해, 교회를 위해, 세상을 위해, 십자가상에서도 원수를 위해 기도하셨다(요 17장).

5) 기도에는 세 가지 힘이 있다

첫째, 놀라운 위안의 힘이다. 기도하면 마음에 위로를 받는다. 병으로 고생하고 사업에 실패할 때 기도하면 위로를 받는다. 기도를 통해 인간은 자신감을 갖는다. 인간의 재능으로는 어쩔 수 없을 때 기도가 우리를 도와 준다. 겪어 본 사람이면 누구나 익히 알고 있듯이 불안한 일이 생겨 마음의 갈피를 잡지 못하고 안절부절할 때 간절하게 간구하는 기도가 우리를 도와 주고 마음에 안정을 가져다 준다.

둘째, 영감의 힘이다. 간절한 기도에는 놀라운 영감이 솟구친다. 기도는 놀라운 정신의 집중이다. 한 목표와 한 초점에 기도를 집중시키면 놀라운 영력에 예지를 얻는다. '정신일도하사불성'(精神一到何事不成)이라는 고어와 같이 한 가지 생각을 품고 자나 깨나 기도하라. 반드시 놀라운 지혜가 생기고 무서운 영감이 솟구친다.

셋째, 신앙의 힘이다. 신앙은 기적을 낳고 훈련은 인재를 낳는다고 한다. 신앙은 산도 움직인다고 했다. 기도는 신앙의 어머니다. “네가 믿는 대로 되리라.”고 예수는 말씀하셨다.

3. 성경공부는 이렇게

장로교의 특색 중 중요한 것은 말씀 중심이라는 것이다. 웨스트민스터 소요리문답 제90문에 질문과 답은 말씀공부의 중요성을 강조한다.

(질문) 말씀이 우리를 구원에 이르게 하는 효과 있는 것이 되게 하려면 우리가 말씀을 어떻게 읽고 들어야 합니까?

(답) 말씀이 우리를 구원에 이르게 하는 효과 있는 것이 되게 하려면 우리가 부지런함과 준비와 기도로써 거기에 열중하고, 믿음과 사랑으로 받아들이고, 우리 마음에 간직하며, 우리 생활에서 그것을 실천해야 합니다.(잠 8 : 34, 눅 8 : 18, 벧전 2 : 1-2, 히 4 : 2, 딤전 4 : 13, 시 119 : 18, 91, 사 66 : 2, 약 1 : 21-22)

장로교인들은 성경의 사람들이라고 부를 정도로 일상생활에서 성경은 언제나 중심이 되어 왔다. 그러므로 한국 장로교인들은 성경을 많이 읽는 교인이라고 한다. 그러나 성경을 바르게 이해하고 실천하고 있는가에 대해서는 어떻게 대답해야 할지 모르겠다.

첫째, 성경은 하나님의 글이다.

성경 66권은 적어도 현재 십억 인구에게 말할 수 있고, 또한 다가오는 미래 억만 신자에게 말할 수 있는 글이니 일반적 권위로 말하여도 성경은 인류가 가진 글 중에 최대의 권위를 가진 글이다.

이렇듯 성경은 만인의 중심에 새겨진 진리요, 우주를 통찰하는 하나님의 소리이다. 그러므로 성경은 하나님의 글이다. 사람의 글을 읽으면 그 사람을 알고 그 사람의 세계를 알 수 있는 것처럼 하나님의 글을 읽으면 하나님을 알고 하나님의 영원한 세계를 알 수 있다.

성경은 대주재 하나님을 나타내는 하나님의 말씀이요, 전인류를 가르치시는 하나님의 소리이다. 성경은 천국을 가리키는 하나님의 글이며, 세계를 지배하는 하나님의 법이다.

"성경은 능히 너로 하여금 그리스도 예수 안에 있는 믿음으로 말미암아 구원에 이르는 지혜가 있게 하느니라. 모든 성경은 하나님의 감동으로 된 것으로 교훈과 책망과 바르게 함과 의로 교육하기에 유익하니 이는 하나님의 사람으로 온전케 하며 모든 선한 일을 행하기에 온전케 하려 함이니라"(딤후 3 : 15-17).

그러므로 제직은 성경을 공부하는 자가 되어야 하며, 성경을 잘 배워야 한다. 성경을 잘 배우려면 눈으로 보고 귀로 듣고 입으로 증거하는 공부방법이 있다. 제직은 성경을 매일 규칙적으로 읽되 믿음을 찾는 심정으로 읽어야 한다.

둘째, 성경은 믿어야 할 책이다. 성경을 믿어야 한다는 것은 성경공부에 있어 가장 핵심적인 공부방법이다. 성경말씀을 하나님의 말씀으로 믿을 때 그 말씀은 우리의 마음을 밝히 비추어 주는 구원의 등불이 되며, 우리의 질병을 고쳐 주고 심령을 살려 주는 영약이 된다.

셋째, 성경은 몸으로 실천해야 할 하나님의 말씀이다. 성경을 읽고 믿는다고 성경을 다 배웠다고 말할 수 없는 것은 성경은 몸으로 실천해야 할 책이기 때문이다.

성경은 영감으로 기록된 책이므로 성경공부에는 신앙적인 열심과 하나님께 기도하는 영적 교제와 실천하는 행동이 뒤따라야 한다. 그런데 성경을 읽을 때 나무를 보면서 숲을 보지 못하는 어리석음을 범하거나 무식한 자들이 다른 성경과 같이 그것도 억지로 풀다가 스스로 멸망에 이르는 일은 없어야 한다(벧후 3 : 16).

◆ 복 습(질의 응답)

1. 기독교의 영성은 어떤 것인가?

……………………………………………………………………………………

2. 장로교 영성의 깊은 전통은 무엇인가?

……………………………………………………………………………………

3. 한국교회 영성운동의 토대가 된 새벽기도회는 누가 시작하였는가?

……………………………………………………………………………………

4. 기도란 무엇인가?

① ……………………………………………………………………………

② ……………………………………………………………………………

③ ……………………………………………………………………………

5. 주기도문의 내용은 무엇인가?

……………………………………………………………………………………

6. 기도에는 놀라운 세 가지 힘이 있다. 각각 무엇인가?

① ……………………………………………………………………………

② ……………………………………………………………………………

③ ……………………………………………………………………………

7. 소요리문답에서 말씀을 어떻게 읽고 들어야 하는가의 물음에 어떻게 대답하였는가?

……………………………………………………………………………………

8. 성경공부의 방법을 써보자.

……………………………………………………………………………………

제 2 부

교회 행정과 적용

1. 장로교 운영체제

목 적 : 장로교 운영체제가 어떤지 다른 교파의 체제와 비교 연구하며, 장로교 정치원리와 치리기관의 권한과 책임을 배운다.

목 표 : 1. 세 가지 운영체제를 비교 연구하고
2. 장로교의 정치원리 세 가지를 배우며
3. 세 가지 치리기관의 권한과 책임의 특징을 살핀다.
4. 회의 진행방법을 배운다.

진행순서

찬송과 기도로 시작하고 오늘의 목적과 목표를 청중에게 알려 준다. 강의가 끝난 후에 토의할 문제나 질의할 것을 미리 준비시킨다.

1. 교회 운영체제

성경은 교회 정치에 대하여 침묵을 지키고 있지만 모든 교회 운영체제는 성경에 그 근거를 두고 있다.

본래 기독교는 하나였으나 교리적, 문화적 차이로 분파되기 시작하여 현재는 많은 교파를 이루고 있어서 교회 운영체제를 세 가지로 분류한다.

1) 회중제도

교회를 구성하는 교인들이 직접 교회를 운영하는 체제로서 개체 교회원의 다수결에 의해 모든 것이 결정된다. 회중 운영체제의 교회는 어

떤 외부의 감독을 받지 않고 자율적으로 운영하며, 어떤 상회기관의 지시도 받지 않는다. 그들은 개교회 회중의 완전 독립을 주장하기 때문에 회중파라고 불리기도 하였다.

회중 운영제도의 특징은 첫째, 일제 상회권을 인정하지 않고, 개교회의 자주권을 강조한다. 둘째, 사도 계승권을 인정하지 않고 개교회 회중의 결정에 따라 목사나 집사를 세운다. 셋째, 장로교의 장로직과 같은 장로는 없고 집사직만 있다.

회중 치리제도는 그 행정에 있어서 순수 민주주의 체제에 가깝다. 회중이 교인을 받고 안 받는 투표로 결정하고, 목사의 청빙과 해약의 결정을 하며 모든 재정의 결정을 회중이 한다.

거의 모든 침례교회가 회중 운영체제에 속하며, 그 외의 교회로서는 그리스도의 제자교회, 그 밖의 여러 형태의 오순절교회 계통의 교회들이 회중 운영제도를 따르고 있다. 이런 교회들은 같은 교회끼리 어떤 형태의 협의체나 기구를 가지고 있지만 전혀 독립적이고 자율적이다. 신학교와 선교사업은 공동으로 지원하지만 그것은 기능적인 것뿐이고 자발적인 것일 뿐 기구적인 것은 아니다.

2) 감독제도

감독이라는 말은 본래 희랍어에서 온 말로서 목자라는 뜻이다. 회중 운영체제는 모든 권한을 실제적으로 회중에게 둔 데 반해 감독 운영체제는 교회의 권한을 최고 감독에게 부여한다. 감독직이 교회의 핵심적 부분이 되어야 한다고 강조하면서 다음의 세 가지 점을 말한다.

첫째, 감독직에 의한 교직이 어떠한 교직보다 교회의 보편적 성격을 가장 분명하게 말해 준다고 한다.

둘째, 감독제가 다른 어떤 제도보다 교회의 사도성을 지킬 수 있으며, 감독은 사도직 계승에 직접 관련되어 있다고 한다.

셋째, 감독제가 좋은 목회적 위치에 있어서 그리스도의 양들을 잘 돌볼 수 있다고 한다.

감독 운영체제에는 성직자의 여러 계급이 있다. 예를 들면, 로마 가톨릭교회에는 사제, 주교, 대주교, 추기경, 교황의 계급이 있다.

감독제도에서는 교회의 통일을 강하게 주장하며, 성직자의 사도적 계승과 교회 가르침의 역사적 전통이 교회 통일성의 구체적 표시로 보고 있다. 감독제도 아래의 모든 개체 교회는 독립된 것이 아니라 보이지 않는 전체의 한 부분으로 알고 있다.

현재 감독 운영체제를 택하고 있는 교회는 영국교회를 위시하여 감리교회가 있으며, 루터교회와 모라비아파 등이 있다. 로마 천주교도 감독 운영체제라고 할 수 있으나 교황제라고 한다. 감독 운영체제의 교회에는 장로직은 없다.

3) 대의제도(장로제도)

대의제도는 한쪽으로는 감독제도를 반대하고 다른 한쪽으로는 개교회주의인 회중제도를 반대한다.

감독제도는 평신도의 존재를 경시하는 단점이 있는가 하면 회중제도는 상회와 성도의 교제를 경시하는 단점을 가지고 있다. 이 두 가지 단점을 시정하고 교회를 신도 전체에 의해서 구성되는 그리스도의 몸으로서 성도의 교제를 두텁게 하고, 교회가 해야 할 일을 모든 교인의 힘을 합하여 수행하려는 데 이 제도의 특징이 있다.

중세 로마 천주교회에 의해서 극도로 무시당하던 일반 신도들을 위해 칼빈은 제네바에서 평신도들의 대표인 장로와 성직자의 대표인 목사가 함께 교회위원회(당회)를 만들어 교회 일을 대의적으로, 그리고 민주적으로 치리하게 하였다. 이 제도를 대의제도 또는 장로제도라고 한다.

대의제도의 특징은 다음과 같다.

(1) 교회의 직무에 네 가지 기본적 교직이 있다고 본다. 즉 목사와 장로와 교사와 집사다. 칼빈은 초기교회의 제도를 참작하여 네 가지 교직

을 확립했다(엡 4 : 11).

(2) 장로직을 부활시켰다. 원시교회에는 세 가지 교직으로 사도와 장로와 집사가 있었다. 사도는 죽음으로 자연 없어졌고, 감독과 장로는 같은 교직으로 이해되어 후세 교회에 그대로 남아 있다. 다만 장로는 제2세기까지는 교회 안에서 상당한 활동을 했으나 성직제도를 발전시킨 로마 천주교 안에서 장로는 부각되지 않았다. 로마 천주교회에는 장로직은 없다. 그러나 개혁교회는 성직자와 교인을 대표하는 장로들이 함께 교회의 일을 관장하는 가장 성경적인 당회제도를 채택하였다.

(3) 개교회 당회 위에 노회에 속한 목사와 당회에서 파송한 장로들로 조직된 노회와 노회에서 파송한 목사와 장로들로 조직된 총회가 있어서 교회의 일을 처리하므로 성도의 교제와 협력이 잘 된다.

(4) 교회간에 지배나 피지배라는 경향은 전혀 없다. 그리고 양심의 자유에 따라 자의적이고 자발적으로 순종하고 협력한다.

(5) 교회가 성장 발전하기 위해 교직을 두어 각자가 맡은 직책을 성실히 수행하게 한다. 하나님의 말씀의 선포와 가르침과 성례전을 관장하는 목사와 신도의 신령상 관계를 보살피는 장로와 봉사와 재정을 맡은 집사가 있어서 각자의 임무를 통해 상호간의 협조를 증진하도록 되어 있다.

장로제도는 입헌적(立憲的)이고 대의적(代議的)이며 민주적(民主的)이다.

2. 장로교회의 세 원리

장로교회의 정치형태는 성경적 원리에 근거하지만, 교회의 존재에 있어서 본질적인 것은 아니고 교회 정치체제를 위해 필요한 것이다. 그러므로 같은 장로회 정치체제를 표방하면서도 때와 장소와 사람에 따라서 변화무쌍하였다. 같은 웨스트민스터 신앙고백서를 고백하면서도 정치체제만은 천태만상이었다.

장로교회 정치는 다음 세 가지 원리로 되어 있다.

1) 장로들에 의한 치리

장로교회의 정치사상은 그리스도가 오로지 교회의 머리이시며 그를 믿는 자는 그리스도와 연합하여 그를 섬긴다고 믿는다.

그리스도가 그의 교회를 세우시고 그의 교회를 이끌어 갈 정치원리를 사도들에게 가르쳐 주셨고, 사도들이 보여 준 것은 장로회 체제라고 볼 수 있다.

바울과 바나바는 교회마다 장로를 임명하여 그들에게 교회를 맡겼다(행 14 : 23, 15 : 2, 6, 22, 23, 16 : 4, 20 : 17, 21 : 18, 25 : 15). 복수(複數)의 장로들로 회의를 구성하여 교회의 일치와 평화를 위해 공통적 권위를 행사하였다. 그러므로 교회는 장로들에 의해서 다스려졌다.

디모데전서 4 : 14에 '장로의' 라고 번역된 말은 장로회의를 의미하는 말로 표준새번역에서는 '장로들의 모임' 이라고 번역하였다. 이것은 의회 권위를 가진 장로들의 회의를 가리키는 것으로 디모데는 이 장로회의에 의해서 안수받고 임명되었다(딤전 4 : 14).

2) 교직의 평등

감독제도를 채택한 교회, 즉 가톨릭교회, 그리스 정교회, 성공회와 여기서 파생된 교파들은 교직의 계급적 차이를 인정하고 조제(助祭, deacon), 사제(司祭, priest), 주교(主敎 혹은 司祭, bishop)로 나누고 있다.

교직 위계제를 다음과 같이 주장한다. 구약 교회에서 제사장에게 위계가 있어서 레위인은 잡무를 담당하고, 제사장은 그 위에 있어서 제단에 희생을 드리는 일을 맡아 보았고, 대제사장은 제사직의 대표로서 전체를 통괄하는 동시에 일 년에 한 번 지성소에 봉사했다고 교직의 계급을 주장한다.

예수님은 생전에 사도들 다음에 70명의 전도자를 임명했는데(눅

10 : 1), 이것은 주교와 사제의 위계와 같다고 주장한다. 교직의 위계성을 부정하는 장로교회의 원리는 신약에 있어서 감독과 장로가 동의어로 쓰여지고 있다는 사실에 적극적인 뒷받침을 갖는다.

장로교회에 있어서 교직의 평등은 사역의 동등(parity of ministry) 교리를 의미한다. 사역상 동등 교리는 중세시대 교회의 계급적 사제주의(司祭主義)로 인하여 형성된 교권 횡포를 개혁하기 위한 개혁자들의 성경적 교리이다. 그리스도께서는 교회 행정자들이 서로 형제되는 처지에서 봉사해야 된다고 가르치셨다(마 20 : 25 - 28, 23 : 7 - 12).

장로교회에는 목사, 장로, 집사, 권사 등의 직이 있다. 이것은 그 맡은바 직책이 다른 것을 의미하는 것이지 높고 낮음을 의미하는 것은 아니다. 목사, 장로, 집사, 권사는 다 같은 하나님의 종으로 사역상 동등하다. 교직의 평등, 즉 목사의 평등은 설교, 성례 집례, 축도, 교회 회의의 법적 직책에 있어서의 평등을 의미하는 것이다. 젊은 목사나 나이 많은 목사나 목사의 직무를 수행함에 있어서 아무런 차이가 없다. 그러나 목사의 받은 은사와 능력의 평등을 의미하는 것은 아니다. 목사 각자가 갖는 능력이나 받은 은사는 각각 다르고, 그 미치는 지도력의 범위는 차이가 있다. 그럼에도 불구하고 모든 목사는 목사로서의 동등한 권위를 갖는다는 것이 교직의 평등이다.

사역의 동등 교리를 믿는 장로교회에서 문제가 되는 것은 서열의식이다. 평신도, 서리집사, 안수집사, 권사, 장로, 전도사, 목사, 감독, 총회장 등 모든 사람이 교회의 서열에 관심이 많다.

한국교회 초기에는 교회 안에서 형제, 자매라는 호칭이 많았으나 지금은 교회 직명 부르기를 좋아하면서 누구 이름을 먼저 부르느냐, 누가 어느 자리에 앉느냐에 예민하다. 이것이 원인인지 결과인지는 알 수 없으나 교회에서 평신도의 지도력이 점점 쇠퇴해 가고 있다.

교직의 평등교리를 지키지 않으면 교회 지도자들의 고집과 독재와 권리남용의 폐단이 생길 뿐 아니라 시기와 적대의식이 성행하여 교회가 그 본분을 다할 수 없게 된다.

3) 교회 회의의 단계적 구성

장로교회 정치에 있어서 교회 치리의 권한은 첫째로 각 지교회의 당회에 있다. 당회 회원인 장로는 지교회의 회중이 직접 선출하여 임명되었기 때문이다.

각 지교회가 서로 연합할 것을 결정하고, 교리와 정치의 일치를 표명하기 위해 교회 회의를 단계적으로 구성한다. 각 지교회의 치리회를 당회라고 부르고, 일정한 지역 안에 있는 각 교회를 관리하기 위해 각 당회에서 파송한 총대 장로와 목사들로 조직된 치리회를 노회라고 부른다. 노회보다 더 넓은 지역 안에 있는 모든 노회를 통치하는 회를 대회라고 부르는데 우리 나라에는 대회제도가 없다. 전국 교회를 관리하기 위해 각 노회에서 동수로 파송한 목사와 장로들의 총대로 조직된 치리회를 총회라고 부른다.

치리회를 단계적으로 조직한 것은 각 치리회가 치리권을 행사할 때 과오를 범할 수도 있는(정치문답 조례 14문 참조) 인간(치리회)의 나약성을 극복하기 위함이고, 치리회의 약점을 극복하기 위해 성직의 평등성을 전제하고 자치권(自治權)과 타치권(他治權)을 인정하기 위해서이다. 장로교회의 단계적 구성은 성경에 근거한 것이다(행 15 : 1-2, 22).

자치권이란 자기 관할구역 내의 권한이며, 타치권이란 공동구역 내의 타교회에 대한 공동 감시권이다. 당회원이 자기 교회에서 자치권으로 치리를 행사하고 노회원이 되면 타치권으로 노회 구역 안에 있는 타교회에 대한 공동 감시권으로 치리한다.

각 교회들이 결합하여 교회 회의를 위한 단계적인 치리기관을 갖는 것은 성경의 교훈과 일치한다(행 2 : 44, 15 : 1-2, 19 : 18-20, 고전 16 : 8-9).

각 교회가 형제애를 갖고 일치단결함으로 교회의 공정성을 유지하며 통일성을 갖게 된다. 장로교회의 세 원리는 성경적으로도 정당하고 정치적 측면에서 보아도 적합하다고 확신한다.

3. 회의와 회원

장로교회는 합리적인 행정기구를 갖고 있으며, 그 행정기구들은 회의를 통해 운영되고 있다. 회의는 의사결정 뿐만 아니라 협력과 교류를 통해 공동체의 정신을 확보하는 데 그보다 더 좋은 방법이 없다.

교회에는 그 목적을 달성하기 위하여, 그리고 교회가 소유하고 있는 인적, 물적 자원을 효율적으로 활용하기 위하여 여러 가지 조직이 있고, 그 조직을 민주적으로 운영하기 위해 회의가 많다. 그러므로 교회처럼 회의가 많은 단체가 없다. 교회에는 교인 전체가 모이는 공동의회를 위시하여 제직회, 치리기관인 당회, 각종 남녀 전도회, 청년회, 학생회, 구역회, 그리고 각종 위원회 등 헤아릴 수 없을 정도로 회(會)도 많고 따라서 회의도 많을 수밖에 없다.

교회는 회의를 통해 구성원의 동질화가 가능하며, 각자가 가지고 있는 문제를 회의를 통해 해결할 수 있으며, 따라서 조직간의 횡적 대화가 가능하게 되고, 교회의 공동목적을 달성하는 데 도움이 된다. 그러나 무엇보다도 중요한 것은 회의의 성패가 회의를 이끄는 회장과 회의에 참석한 회원의 의식 수준과 삶의 지혜가 얼마나 가치 있게 활용되느냐에 달려 있다고 해도 지나친 말은 아니다.

1) 회의의 필요성

회의는 모든 회원의 높은 지식과 깊은 경험으로 결론을 얻으려는 데 그 목적이 있으므로 다음과 같은 필요성이 있다.

(1) 회의는 중지(衆智)를 모아 공통된 결론을 얻는다

혼자의 생각만으로 일을 결정하는 방식은 지난날의 독재자의 방식이

다. 인간의 평등이 강조되고 민주적 방법이 보편화되면서 회의의 중요성이 주목받게 되었다.

어떤 뛰어난 한 사람의 지혜가 여러 사람의 지혜보다 나을 경우도 있고 더욱이 많은 사람이 모여서 일을 결정하기보다 빠를 수도 있다. 그러나 한 사람의 지혜보다 뒤떨어지더라도, 그리고 일의 결정이 좀 늦어지더라도 여러 사람의 의견을 모아 결론을 얻는 것이 모든 사람을 결속하는 데 유익하다고 생각된다. 민주주의의 기반은 이와 같은 점을 강조한다.

회원 각자는 자기 의견을 제시하고 토론하는 중에 어떤 결론에 도달하게 되는 것은 서로의 입장이 드러나고 조정의 과정을 거쳐 통일된 의견에 도달함으로 연대의식과 책임의식이 강화되기 때문이다.

(2) 회의는 회원의 협동의 장으로서 필요하다

인간관계란 서로 생각을 주고받는 관계이다. 서로 주고받는 일로 인하여 상대방의 입장을 이해하게 되고, 자기 입장도 이해받게 되어 협조하게 된다. 회의에서 서로 토론하는 중에 서로의 입장이 드러나고, 주장된 의견은 조정의 과정을 거치면서 통일된 의견과 목표가 수립됨으로 자기 표현은 목표의식이 분명하게 될 뿐만 아니라 연대의식과 책임의식을 갖게 되어 서로 협조할 수 있게 만든다.

(3) 회의는 능력 계발과 자아발견의 장으로서 필요하다

인간의 사고방식은 사람에 따라 다르다. 어떤 사람에게는 아무리 새로운 기획을 요구해도 한계가 있고 또 그 사람이 지니는 발상법에도 한계가 있다. 그러나 새로운 사고방식이나 견해에 자주 접하거나 또 힌트를 얻어 지금까지와는 전혀 다른 발상을 하는 경우가 있다. 회의는 참가자로 하여금 뜻밖의 아이디어를 얻어 자기 발전과 능력계발을 제공받게 된다. 회의에서 문제 해결을 위해 토론하는 중에 자신의 미숙한 점과 부족을 깨달아 발전적 방향으로 개선되고, 자유로운 사고와 지성의 발달이 이루어지게 된다.

(4) 회의는 인간관계의 개선과 만남의 장으로서 필요하다

회의는 서로의 만남을 새롭게 인식시켜 주며, 자기 자신과 이웃을 묶어 주는 무대가 된다. 서로를 바르게 깨닫고 안다는 것은 인간 교제의 원천이 될 뿐만 아니라 함께 더불어 사는 사회 건설에 초석이 된다. 개인 혼자만으로는 불가능한 일이라도 서로 의견을 나누며 짐을 나누어 질 때 가능하다는 것을 회의 중에 깨닫게 될 때 나 아닌 타인의 가치를 인정하게 된다.

(5) 회의는 자기 계발과 배움의 장으로서 필요하다

한 사람이 기여할 수 있는 능력은 자신의 지식과 경험에 한정되지만 여러 사람의 지혜와 경험을 모으면 보다 넓은 배움의 기초를 마련할 수 있다. 회의는 참여자 누구나 자유스럽게 의견을 내놓을 수 있기 때문에 사람들은 자기 생각을 명확하게 정리하고 표현하며, 다른 사람의 의견을 신중히 검토할 수 있는 능력을 학습하게 된다. 그뿐 아니라 자기 주장과 의견을 발표함으로써 지식과 경험을 평가받는 기회가 된다.

회의의 필요성을 강조하였으나 회의는 정말 필요한가라고 이의를 제기하기도 한다. 회의는 필요하기 때문에 개최하지만 달갑지 않은 회의도 있다.

첫째, 달갑지 않은 회의라면 실행이 동반되지 않는 명칭뿐인 회의이다. 말하자면, 회의를 연다는 행위 자체가 형식만을 중시하고 내용은 이기적이 되는 경우이다. 달갑지 않은 회의가 되는 것은 회의 운영방법에 문제가 있기 때문이다.

둘째, 책임을 전가하는 회의이다. 문제에 따라서는 도저히 혼자서 결단을 내릴 수 없는 경우 회의라는 장을 이용하여 책임을 분산시키거나 책임을 전가하는 회의는 불필요한 회의이다.

2) 회원의 마음가짐

회의의 성패(成敗)를 좌우하는 것은 개인적으로는 회장이 가장 큰 비

중을 가지고 있다. 그러나 회원은 인원이 많기 때문에 그들의 바른 태도에 따라 회의가 잘 진행될 수 있다. 그러므로 회의를 빠르게 잘 진행시키기 위해서는 무엇보다도 회의 규칙을 잘 알아야 함은 말할 필요도 없고, 온갖 문제에 대하여 좌우로 치우치지 않는 확고한 판단력을 가져야 한다.

회원은 회의에서 다루는 문제에 대하여 똑똑히 자기 생각을 발표할 만한 용기를 가져야 한다. 그리고 자기 의사를 표시한 사항에 관해서는 철저하게 그 책임을 질 수 있는 인격자이어야 한다.

회원이 개회시간 전에 참석한다는 것은 당연한 일이지만 실행하기 어려운 일 중의 하나이다. 시간의 여유를 가진다는 것은 마음에 여유를 가진다는 것과 같은 관계가 있다.

회원은 그 나름대로 자부심을 가져야 한다. 그런 마음이 있으면 자연히 태도에도 반영이 되고 회원 사이에도 마음이 통하는 품위 있는 회의가 진행된다. 회원들에게는 서로 협력하여 회의를 효율적으로 진행시켜야 할 책임과 의무가 있다. 그러므로 회의 전에 배포된 자료를 깊이 생각하고 회의에 참석해야 한다.

회의는 회원 전체의 협력 없이는 안 되므로 서로에 대해 협력하려는 자세와 아울러 회의의 리더인 회장에 대해서는 존경과 순종심을 가져야 한다.

사람이 모이는 곳에는 어떤 룰(Rules)이 있다. 사람들은 그 룰을 따라 사물을 정하는 것은 그것이 가장 타당한 방법이라고 다수의 사람들이 생각하기 때문이다. 룰에 대하여 다소 불만이 있어도 회의를 질서있게 진행하기 위해서는 어느 정도의 규제는 어쩔 수 없다. 그런 의미에서 회원들은 규칙의 제약을 감수하여야 한다.

(1) 회원은 예의를 지켜야 한다

민주주의 제도하에 회의는 회원 대다수의 의견을 따라야 한다. 서로 다른 의견을 가지고 얼마든지 토론을 할 수 있다. 회의에 있어서 토론은 필요하므로 권장되어야 한다. 왜냐하면 한 문제를 여러 각도로 따지고 캐고 토의하여야 좋은 결론을 끌어낼 수 있기 때문이다. 서로 다른 의견을 가진 회원들이 토의하는 중에 좋은 해결방안을 얻을 수 있다. 그러나 토론을 하다 보면 반박이 나오게 되고, 반박 중에는 감정에 끌려 불미한 언사가 나오기 쉬우나 언쟁은 회의에서 금물이다. 토론은 얼마든지 환영할 일이지만 언쟁은 토의가 아니기 때문에 피해야 한다.

발언하고자 하는 회원은 반드시 회장의 허락을 얻어 발언해야 한다. 회장의 허락 없이 발언하는 회원에게 회장은 발언을 중지시킬 수 있다.

몇 가지 예외를 제외하고는 다른 회원의 발언 중에는 발언하지 않는 것이 예의이다. 발언을 방해하는 회원이 있으면 "발언중"이라고 외쳐서 그를 제지할 수 있다. 발언은 의사 진행상의 의제에서 그 범위를 벗어날 수 없다. 그 의제에 관계가 있는 발언이라도 단계를 넘는 발언은 허용되지 않는다. 발언자가 회장을 향해 발언하지 않고 상대자를 향해 말하거나 누구누구의 이름을 지적하여 말할 수는 없고, 회장을 향해 말하되 "마지막 말씀하신 분", "아까 어떤 분" 이런 말투로 지적하며 말해야 한다. 회원이 발언 중에 예의에 벗어나는 행동을 하면 회장으로부터 제지를 받게 된다.

(2) 회원은 질서를 유지해야 한다

시간을 지킨다는 것은 회의 때만 중요한 것은 아니지만 회원은 회의시간을 반드시 지켜야 한다. 개회시간만 아니라 정회(停會)했다가 속회(續會)할 때나 위원회나 소회의(小會議)로 모일 때도 시간은 엄수되어야 한다. 회원이 시간을 지키는 것은 회의 질서의 첫걸음이다.

회원이 발언하려면 회장으로부터 발언권을 얻은 후에 발언하는 것은 회의의 질서를 유지하기 위함이며, 남의 발언 중에 발언하지 못하는 것도 발언자의 인격을 존중함과 동시에 질서를 유지하기 위함이다. 발언하는 회원은 일어서서 간단하고 조리 있고 사리에 맞게 발언하여야 한다. 그러므로 회원은 토의할 의제에 관하여 미리 연구해야 의제가 즉흥적으로 처리됨을 방지할 수 있고, 전체 의사의 결정이라는 회의의 기능을 발휘할 수 있다.

3) 회원의 임무와 책임

(1) 의제에 대하여

회원은 미리 알려진 의제에 대하여 사전에 연구해 두는 것이 필요하다. 한정된 시간에 효율적인 의사를 진행시키기 위해서 의사내용을 사전에 충분히 검토하지 않으면 바람직한 발언을 할 수 없다.

필요한 때는 자기 발언의 내용을 갖고 다른 사람과의 협력을 모색해야 한다. 전문가의 의견을 미리 청취해 두어야 한다. 그리고 찬반의 의견과 대안도 반드시 생각해 두어야 한다.

제안을 설명할 때는 제안하는 의견에 찬성해 달라는 이유를 설명하여 회원을 설득시키는 데 목적이 있는 만큼 제안은 무엇을 어떻게 하고 싶다고 목적을 분명히 인식시켜야 한다. 자기의 제안이 표결되어 실행하게 되면 그 문제는 어떠한 상태로 개선된다는 결과를 설명하여야 한다. 그리고 자기의 제안이 실행될 경우에는 어떠한 단점이 있다는 것과 그 단점을 미연에 방지할 수 있는 방안까지 지적하여야 회원들의 호응을 얻을 수 있다.

대부분의 회원들은 발언자가 찬성이냐 반대이냐의 결론부터 먼저 알고 싶어하기 때문에 발언에 있어서 결론부터 말하고 그 이유를 설명해 나가는 역산법(逆算法)을 쓰는 것도 효과적일 수 있다.

(2) 회원과의 관계에 대하여

회의란 뜻과 목적을 같이하는 사람들의 모임이지만 각자의 의견이 다 같을 수는 없어서 때로는 대립될 때도 있다. 그러나 의견의 대립을 인간관계에 결부시키지는 않아야 한다.

개인 공격이나 감정적 발언으로 다른 회원을 불쾌하게 해서는 안 된다. 토론이 격렬해져서 가열되면 감정에 치우쳐서 상대자에게 자극적인 언사가 나올 때가 있다. 이런 상태에서는 공정한 의견 교환이 이루어지기 어렵다. 발언자는 상대자에게 자극적 언사를 피해야 하며 듣는 사람도 자중해야 한다. 그리고 발언시간을 독점하여 다른 회원의 발언기회를 빼앗거나 적대의 색을 가지고 무턱대고 불평을 해도 안 된다.

개인의 이해관계나 친·불친관계나 체면 때문에 옳지 않다고 생각하면서도 타협이나 영합하는 행동이 되지 않도록 공명정대하게 처신하여야 한다. 상대방을 이해하며 존경하는 마음자세를 가져야 한다.

(3) 회의 진행에 대하여

회의는 일정과 시간을 정해 놓고 그 날짜와 그 시간에 마치는 것이 바람직하고 당연한 일이기도 하다. 그런데 회의가 시작되면 시간에는 관심이 없고 자기 의견 발표에만 주력하거나 의제 외의 이야기만 반복하는 회원도 있다. 중요하지도 않은 문제에 많은 시간을 허비하고, 진정으로 심도 있게 다루어야 할 문제는 시간이 촉박하다는 이유로 소홀히 처리하는 경우도 있다. 그러므로 회원은 회의 진행에 있어서 간접적인 무언의 협력자가 되어야 한다. 회원은 회의 진행의 책임을 회장과 함께 져야 한다. 예정된 시간에 회의를 끝마치는 것은 회장만의 책임이 아님을 회원은 기억하여야 한다.

(4) 회의의 효과에 대하여

회의를 시작하기 전에 그 회의가 정말 필요한가에 관해 일단은 체크해 보는 것이 중요하다. 회의를 여는 목적을 잘 검토해 보는 것이다. 좀 더 간단한 방법은 없을까? 회의 아닌 다른 방법은 없을까? 그러나 회의 이상의 더 좋은 방법이 없어서 회의를 연다면 효과 있는 회의가 되기 위한 방법은 무엇인가? 회의는 계획에서부터 준비, 실행에 이르는 과정에서 어떤 효과를 얻었는가를 반성해 보아야 한다.

회의를 계획하고 이것을 마치게 되기까지 여러 단계의 절차를 밟는다. 그리고 그 절차를 예정대로 진행하기 위해 많은 사람들의 협력을 받아야 한다. 그런데 회원들 사이에 협동심이 부족하면 외형적으로는 그럴싸하게 보여도 내용은 부실하기 쉽다. 결국 서로가 만족되게 일을 할 때 비로소 협조성의 효과가 확인된다.

여러 가지 타입의 사람과 함께 일을 한다는 것은 생각보다 어려운 일이지만 협조라는 윤활유를 통해 회의의 회전이 가능하게 되면 회원들이 어느 정도는 의식적으로 행동하지 않을 수 없다.

회의는 의견 절충과 교환을 위해 토의하는 동안 자기 입장만 생각하는 사람들이 다른 사람을 이해하게 되고, 다른 사람의 생각에 귀를 기울이게 되는 것이다. 이런 과정을 통해 회원들이 인간관계의 이해와 협조를 향해 전진하게 된다. 이런 과정에서 유익한 인간관계의 필요성을 실감하는 동시에 그 증진이 회의의 효과를 나타내게 된다.

(5) 회원의 책임에 대하여

회의에서 결정된 의안에 대해 회원들은 공동 책임과 그 의무를 인식하여야 한다. 한 가지 한 가지 결정된 의안에 대해 회원 각자가 책임감을 갖고 실행할 때 최종적으로 큰 일을 완성하게 된다.

어지러운 단체의 속사정을 살펴보면 회의에서 다수결이나 만장일치 가결이 없는 것은 아닌데 회원들이 그 결정을 따르지 않기 때문에 문제가 되는 것이다. 그러므로 회원은 회의에서 결정된 의안들을 성실한 태도로 실천하는 자가 되어야 한다.

회원은 회장의 판단에 협조자가 되어야 하지만 회장이나 회원이 규칙을 어기면 회원 누구라도 언제든지 "규칙이오." 말하면서 항의할 수 있다.

주어진 일에 책임감을 갖고 성실하게 수행한다는 것과 객관적이며 공정성을 지킨다는 것은 회원의 기본적인 자세이다.

회원은 자기의 의견을 충분히 발표할 권리가 있는 동시에 타인의 의견을 인내력을 가지고 끝까지 들을 의무도 있다는 것을 명심하여야 한다. 그러므로 회원이 정당한 평가를 얻기 위해서는 상당한 노력과 세심한 주의가 요구된다. 회원은 회의의 성격과 목적을 분명히 알고 회의의 발전을 위해 헌신하여야 한다.

4. 회의와 회장

인간이 있는 곳에 사회가 있고 사회가 있는 곳에 인간의 활동조직이 형성되며, 그 조직은 어떤 지도자에 의하여 유지 발전되어 가고 있다. 지도자는 그 조직 내에서 감독적 지위에 있으며, 피지도자에 대하여 영향력을 행사하며, 지도자가 거느리는 조직으로 하여금 생산적인 활동을 하게 할 수 있는 능력을 가졌을 때 비로소 이러한 지도력을 발휘하는 자를 훌륭한 지도자라고 한다. 단체를 총괄하는 사람을 그 단체의 습관에 따라 회장, 의장, 사회자라고 부르는데 종교적인 큰 모임에서는 사회자를 'Moderator' 라고 부른다.

회의가 성공하느냐 실패하느냐의 책임이 회장에게 있음을 생각하면 회장은 회의 규칙에도 밝고 덕망이 높아서 존경을 받는 사람이어야 한다. 회장이 지녀야 할 태도는 첫째로 회의 진행에 관한 지식이 있어야 하고, 둘째로 회의 진행에 공정해야 하고, 셋째로 지도력이 있어야 하며, 넷째로 예의가 밝아야 한다.

회의에 중심 역할을 맡은 회장 이외에 서기, 회계 등을 임원이라고 하는데 회장을 보좌하는 책임이 있다.

1) 회장의 자격

회장의 일반적인 자격 요건으로는 첫째, 회의법에 대한 지식이 있어야 한다. 회장은 회의법에 대한 정확한 지식과 풍부한 경험이 있어야 회의를 바르게 지도할 수 있다. 회의법에 대해 전문가일 수는 없으나 회의법에 대해서는 어느 회원보다도 잘 알고 있어야 회의를 절차에 어긋나지 않게 이끌어 나갈 수 있다.

둘째, 회장은 회의를 이끌어 갈 사회술(司會術)을 조금은 구사할 수 있어야 한다. 회장은 회의법상 넓은 재량권을 갖고 있기 때문에 이를 바탕으로 회의 운영을 요령 있게 이끌어 가도록 회의 운영상의 기술적 측면도 체득하고 있어야 한다.

회원 중에 탈선 발언, 중복 발언, 지연 진술 혹은 질서를 문란케 하는 경우에도 회장은 회의를 원만히 진행시킬 책임이 있다.

2) 회장의 자질

회장은 그 회에서 회의 규칙에 따라 선출된 지도자이다. 지도자란 처음부터 타고나는 것은 아니다. 다만 꾸준한 노력과 준비가 필요할 따름이다. 그러므로 회장은 법정 중립을 지키며, 공명정대하고, 성실한 태도를 유지하여야 한다. 회장에게 필요한 자질을 열거하면 다음과 같다.

(1) 인격적인 자질이 있어야 한다

공평하고 편견이 없는 사람이어야 하며, 인내심과 끈기를 가진 자이어야 한다. 침착성과 자제력도 있어야 하지만 사교성과 적응력이 뛰어난 사람이면 더욱 좋겠고, 그 위에 쾌활하고 친절한 사람이면 금상첨화의 자격이라고 할 수 있다. 다른 사람과 협력할 수 있는 아량과 자기 감정을 자제하며, 회의와 그 단체를 위해 자기를 희생할 각오가 되어 있어야 한다.

(2) 능력적인 자질이 필요하다

회장은 회의에서 해결하여야 할 문제를 분석하며 종합할 수 있는 명석한 두뇌와 신속 정확한 사고를 지닌 사람이어야 한다. 자기 의견을 설득력 있게 표현할 수 있고, 사람들을 지도할 수 있는 리더십이 있어야 한다. 바르고 합리적인 결단력을 지니고 추진력도 있어야 한다. 그리고 회의 진행이 어려울 때 유머를 구사할 수 있는 사람이면 더욱 좋다.

3) 회장의 형태

회장 중에는 여러 유형의 회장이 있다.

(1) 독재형

회의의 절차나 회의 규칙을 무시하고 회장 자신의 뜻이나 의도하는 바를 회중에게 강요하거나 자기가 싫어하는 일을 저지하고 자기 편을 위한다는 명목으로 압력을 가하는 회장이 있다.

(2) 방임형(放任型)

회장의 책임과 권한을 포기하다시피 하면서 자기를 지지하는 세력에 끌리거나 회중에게 아부하면서 회원 전체의 의사에는 무관심하며 형식적으로 회의를 진행시키므로 만족한 결과를 얻지 못하는 회장이 있다.

(3) 민주형

회원 각자의 인격을 존중하여 인간평등의 정신으로 발언 기회를 균등 분배하면서 중지(衆智)를 모아 의사결정에 모든 회원을 참여시키려고 노력하는 회장이 있다. 이러한 민주형의 회장은 그 회에서 계획하고 구상하는 모든 의견을 바르게 결정시킬 수 있다. 민주형의 회장이 있어서 회의는 바르게 진행될 수 있다.

4) 회장의 유의사항

회장이 회의를 진행할 때 다음과 같은 사항에 유의하면 효과적으로 회의를 진행하는 데 도움이 될 것이다.

(1) 사전에 토의 안건에 대하여 내용 검토가 되어야 한다

회장이 토의 안건의 내용을 이해하지 못하면서 진행할 수는 없다. 그러므로 회장은 회의가 시작되기 전에 상정될 안건에 대해 충분히 검토하여야 한다.

(2) 회장이 자기 의견을 지나치게 주장해서는 안 된다

회장이 자신의 생각이 옳다고 확신한 나머지 회원들에게 자기의 의견을 주장해서는 안 된다. 모든 회원의 의견이 다 같을 수는 없기 때문

에 가장 올바른 결론을 얻을 수 있는 방향으로 회의를 진행하여야 할 책임이 회장에게 있다. 회원들이 서로 갑론을박하다가도 마침내 자율적으로 좋은 결론을 얻게 되어야 한다.

(3) 회장은 자신의 지도력을 과시해서는 안 된다

회장이 자신의 지식, 능력, 경험, 그리고 통솔력을 과시하면서 회원을 무시하거나 교만한 언동은 삼가야 한다. 도리어 겸손한 회장을 회원들이 존경한다. 회원들이 이치에 맞지 않는 발언을 하더라도 그 회원이 회의를 어지럽히려는 의도가 없으면 도리어 겸손한 태도로 그 의견에 귀를 기울이는 아량이 있어야 한다. 회원의 발언을 듣고 회장이 "그 발언은 의제에 어긋난 발언입니다."라고 말하는 것은 회원을 무시하는 듯한 발언이기 때문에 회장은 발언을 신중히 하여야 한다.

(4) 회장은 설명을 간단 명료하게 해야 한다

어떤 의안을 제안자가 발언한 뒤에 회장은 그 제안을 회원들에게 알려 주기 위한 설명을 간단하고도 명확하게 요점만을 말해야 한다. 설명을 길게 하면 제안자의 의견을 복창하는 결과가 되기 쉽다. 회장은 말을 많이 해서는 안 된다.

(5) 같은 회기(會期)내에 표결에 붙인 의안은 다시 상정할 수 없다

일사부재리(一事不再理)의 원칙에 의해 회의에서 일단 표결이 된 의안은 그 회기 중에 다시 재론할 수 없다는 것이다. 그러므로 회장은 가부가 결정된 의안이 재상정되지 않도록 의사를 진행시켜야 한다.

(6) 의사진행이 편파적(偏頗的)이어서는 안 된다

회장이 회의진행 중 "나는 어느 회원의 의견을 적극 지원합니다." 하거나 "어느 의견을 지지한다."는 발언을 할 수 없다. 회장은 공평하게 회의를 진행해야 할 의무가 있다. 회장이 어느 회원이나 어느 집단의 편이 되어서는 그 회의가 원만하게 진행되기가 어렵고, 잘못하면 회의가 분열되기 쉽다. 회장은 회의법에 어긋나지 않는 한 모든 회원에게 골고루 발언할 기회를 주어야 한다.

(7) 회장은 충돌을 막아야 한다

회원 중에 다른 사람과 자주 충돌하여 회의 진행을 방해하는 회원이 있는 경우 때로는 혼자서 마구 발언하므로 다른 회원의 흥을 깨뜨려 회의 질서를 어지럽히는 경우가 있다. 이에 대처하여 적절하게 대응하여 의사 진행을 정상적으로 되돌리기 위해서는 회장의 도량과 역량이 크게 필요하다. 회장은 회의 진행의 책임자로서 회의를 정상적으로 진행시켜야 한다. 이러한 충돌의 방지와 해결권도 회의의 리더인 회장의 중요한 역할 중의 하나라고 할 수 있다.

(8) 회장은 올바른 결론을 얻도록 힘써야 한다

회의는 자율적(自律的)이어야 한다. 여러 가지 입장을 가진 사람들이 모인 회의이기에 누구나 자기의 의견을 주장할 수 있다. 그러나 회원들의 잡담이나 자기 의견을 주장하는 연설 장소가 아니므로 올바른 결론을 얻도록 회장은 회원들로 하여금 회의 진행에만 전념하도록 회원들을 이끌어 나가야 한다.

회의는 어떤 의미에서는 시간의 승부이다. 회의에서 토론은 무제한적인 것이 아니기 때문에 정해진 시간 안에 결론을 내리지 않으면 안 되는 것이다. 그러기 위해 가능한 한 의견을 유효하고 효과적인 내용으로 만드는 것이 중요하다. 시간 종료 때까지 가능한 유효한 결론을 이끌어 내는 것도 회장의 수완에 달렸다고 해도 지나친 말은 아니다.

(9) 회장은 정한 시간에 개회하고 폐회할 책임이 있다

회의는 여러 사람의 모임이므로 회의 소집할 때 제시한 개회시간과 폐회시간을 지켜야 할 의무가 있다. 회의 소집 통지서에 기재한 대로 정시에 개회하고 정한 시간에 폐회하는 것은 회장의 책임이다. 정시에 개회를 선언하여 회원의 시간관념과 계획에도 차질이 없도록 진행시켜 회장을 신뢰할 수 있도록 준비하여야 한다.

◆ 복 습(질의 응답)

1. 세 가지 대표적인 운영체제가 어떤 것인가?

① .... ② .... ③ ....

2. 장로교의 대의제도(129쪽 참조)의 특징은 무엇인가?

① ....

② ....

③ ....

④ ....

⑤ ....

3. 장로교회의 세 원리는 각각 무엇인가?

① ....

② ....

③ ....

4. 장로교의 행정원리를 어디서 찾으려고 하는가?

....

....

5. 회의의 필요성은 무엇인가?

....

....

6. 회원의 마음가짐은 어떠해야 하는가?

....

....

7. 회원의 책임과 임무는 무엇인가?

....

....

8. 회장의 유의사항은 무엇인가?

....

....

2. 교회 제직의 소명

목 적 : 장로교 제직의 소명감이 무엇이며, 거기에 상응하는 생활을 어떻게 하여야 하겠는가?

목 표 : 1. 제직과 교회원으로 부르심의 상관관계를 배우고
2. 제직으로 부르시는 소명을 어떻게 이해해야 하는지를 규명하고
3. 제직으로 부르심에 따른 생활을 어떻게 해야 하는지를 배운다.

진행순서

찬송과 기도로 시작하고 오늘의 목적과 목표를 분명히 제시한다.
강의가 끝난 후 질의 응답으로 배운 바를 재인식시킨다.

장로교는 하나님이 교회 제직들을 부르신다는 소명감을 강조한다. 교회가 교회원 중에서 제직을 임명할 때 "소명감이 있다, 없다."고도 하는데 이 '소명'이란 무엇을 뜻하는지를 공부하려고 한다.

교회 제직은 자기가 하고자 해서 되는 것도 아니며, 누가 억지로 시켜도 될 수도 없고 다만 하나님의 부르심으로 감당할 수 있다. 그렇다고 사람의 노력이나 활동을 부인하고 하나님께만 맡기고 따른다는 것도 아니다.

"사람들에게서 난 것도 아니요 사람으로 말미암은 것도 아니요 오직 예수 그리스도와 및 죽은 자 가운데서 그리스도를 살리신 하나님 아버지로 말미암아 사도된 바울은"(갈 1 : 1)이라고 고백하였다.

1. 교회원으로의 부르심

교회 직분에 대한 부르심은 먼저 교회원으로 부르심과 깊은 관계가 있다는 것은 세례받은 교회 회원이 아니면 제직이 될 수 없기 때문이다.

세례 예식은 교회원이 되는 표시이다. 세례를 받을 때 예수 그리스도의 삶과 죽음과 부활을 통해 인간을 구속하시는 하나님의 기쁜 소식에 대한 성실한 응답을 할 수 있어야 세례를 받을 수 있다.

세례를 받으면 공동예배 출석과 헌금과 교회 치리에 복종할 의무가 있다(헌법 제2편 제15조 교인의 의무).

공동예배란 주일 아침부터 저녁까지 교회에서 행하는 모든 예배를 공동예배라고 한다. 헌금은 모든 것을 바쳐서 그리스도를 섬기는 생활의 상징으로 내게 주신 은혜에 대한 감사인 동시에 신앙생활의 성실한 표현이다. 치리에 복종한다는 것은 교회의 질서와 평화와 발전을 위한 규정과 결의에 순종해야 한다는 것이다.

제직으로 부르심을 받으려면 세례교인의 의무를 잘 감당하여야 한다. 그러므로 세례교인의 의무를 감당하지 않는 자는 제직의 소명을 받을 수 없다.

2. 제직으로의 부르심

장로교회는 교회의 특별한 기능을 시행하기 위해 제직으로 일정한 책임을 맡겨야 한다고 믿는다. 그러한 직분의 부르심을 수락하려고 하는 사람은 교회원으로서의 책임을 고찰하고, 그리스도의 몸된 교회 일에 현재 자신이 어떻게 봉사하고 있는지를 평가해 보아야 한다. 그리고 그가 제직의 책임을 담당하기 위한 부르심을 생각해 볼 수 있다.

장로교회는 교회 제직으로 부르시는 일을 어떻게 이해하고 있는가? 교회 제직으로 부르시는 이는 삼위일체이신 하나님으로 믿는다. 성령을 통해 그리스도 안에 나타나신 하나님께서 신앙공동체인 교회의 특별한 기능을 시행하기 위해 재능과 능력을 부여받은 세례교인 가운데서 제직으로 부르신다고 믿는다. 어떻게 그 부르심을 알게 되는가? 장로교회에서는 세 가지 방법에서 부르심을 안다고 주장한다.

첫째, 지도력, 책임감, 신념, 추진력, 그리고 행정기술과 같은 하나님께서 주신 은사의 증거를 보이는 사람을 교회가 찾는다. 하나님께서 부르시는 자는 맡은 일에 있어서 즐거운 마음으로 봉사하며, 어떤 대접이나 명예나 권세를 바라지 않고 일하는 자이다. 누구와도 같이 더불어 일할 수 있는 사람은 하나님께서 부르시는 자라고 장로교는 믿는다.

둘째, 부르심을 받은 본인들의 내적 경험을 통해 알게 된다. 그 사람이 새로 맡겨진 직분을 어떻게 생각하는지, 직분을 맡을 의욕이 있는지, 그에게 주어진 새로운 기회가 하나님이 뜻하신 것으로 여기는지를 보아 소명 여부를 알 수 있다. 장로교의 전통은 교회 직분에 대한 적성 여부에 대한 개인적인 느낌보다는 교회의 느낌이 더 중요하다고 하지만 개인의 생각도 중요하다.

교회 봉사에 충성할 각오가 있는지 없는지, 제직으로서 성품과 재능이 어느 정도인지를 살펴야 한다. 하나님께서 부르신다면 그 성품이나 재능이 그 직분을 맡기에 합당하여야 한다.

직분을 맡은 사람은 “내가 믿나이다. 나의 믿음 없는 것을 도와 주소서.”(막 9 : 24)라고 예수께 요청한 사람과 같은 생각을 할 수 있어야 한다. 자신이 제직에 적합하지 못하다는 생각과 자신의 능력에 대해 회의를 갖는 것은 매우 당연한 일이라고 생각된다. 모세나 예레미야 등 선지자들은 하나님께로부터 부르심을 받을 때 거듭 사양하다가 그 직분을 맡았다. 이렇게 사양하는 것이 실은 하나님의 부르심에 적합한 것이 될 수 있다. 교회 직분을 함부로 맡으려는 요즘의 교회 풍조는 비성서적이고 성직이 무엇인지 모르는 유감된 일이다.

셋째, 교회 치리기관이 만족하게 여김으로 부르심의 뜻을 알 수 있다. 장로나 집사나 권사로 교회를 섬기기 위해 공동의회에서 선택한 사람을 준비시키고 시취하는 책임은 당회가 맡는다. 그러므로 당회에서 선택된 후보들이 「대한예수교장로회 헌법」에 명시된 개인 신앙, 교리 상식, 신조와 교리, 교회 행정, 그리고 직분에 대한 이해를 잘 할 수 있을 때 안수하며 취임한다. 그러므로 당회가 만족하게 여겨야 한다.

3. 부르심의 생활

부르심을 받은 그리스도인은 복음에 합당한 생활을 하라(빌 1 : 27)고 교훈하셨다. 그리스도인이며 제직으로 부르심을 받은 자는 신앙생활이 교인들에게 모본이 되어야 한다.

1) 개인생활

제직으로 부르심을 받은 것이 중요한 것이 아니라 어떤 제직이 되는가가 더 중요한 문제이다. 제직은 자기가 해야 할 목표를 확립하는 동시에 그 일을 할 수 있는 방법이 강구되어야 한다. 그 방법이란 제직 자신의 생활을 바르게 확립하는 것이다.

(1) 기도하는 생활이어야 한다

그리스도인이 하나님의 은혜를 받는 세 가지 길이 있다. 하나는 하나님께 영광을 돌리는 찬송이요(행 2 : 47), 다른 하나는 하나님께 드리는 기도요(눅 11 : 1-4), 또 다른 하나는 하나님의 말씀인 성경을 알기 위해 상고하는 일이다(행 17 : 11).

기도는 신앙의 생명이며 호흡이다. 기도하지 않고 신앙을 유지할 수 없고, 기도하지 않는 제직이 그 사명을 다할 수 없다. 모세, 다윗, 베드로, 요한, 바울 같은 신앙의 위인들은 우리들에게 기도의 산 모범을 보여 주었다.

첫째, 낙심하지 말고 기도에 힘써야 한다. 예수님은 기도하다가 낙심하지 말라고 가르치셨다. 기도하다가 낙심하지 않으려면 하나님의 뜻을 확신하는 데 있다. 확신이 없으면 낙심하게 된다. 우리의 기도를 낙심케 하는 것은 첫째, 시간관념 때문이다. 속히 이루어지지 않는다는 생각을 버려야 한다. 둘째, 불신앙 때문이다. 믿지 않는 마음이 기도를 계속하지 않게 만든다. 그러므로 기도는 확신에서 시작되어야 한다.

둘째, 쉬지 말고 기도해야 한다. 바울은 "쉬지 말고 기도하라."(살전 5 : 17)고 했다. 기도가 호흡과 같다면 기도를 쉬지 않아야 신앙이 바르게 성장한다. 낙심하지 않고, 쉬지 않고 기도하는 제직은 축복받는 제직의 생활을 할 수 있다.

(2) 성경 읽는 생활이어야 한다

성경은 하나님께서 계시하신 말씀이요, 기록된 말씀이다. 그러므로 성경은 많은 글 가운데 가장 귀한 글이요, 영생을 얻는 말씀이다.

창세기부터 계시록까지 매일 읽되 1년에 한두 차례 통독을 해야 한다. 성경을 읽는 데는 많이 읽는 것도 좋지만 좋은 주석책을 참고하면서 정독해야 한다.

성경은 어느 시대 어느 민족에 국한된 말씀이 아니라 모든 시대에 전 인류를 향해 말씀하시는 하나님의 말씀이므로 이 말씀 앞에 순종하는 마음으로 읽어야 한다.

성경말씀을 믿지 않으면 많이 읽는다 해도 성경을 안다는 지식은 인생에서 아무 소용이 없다. 그러므로 성경말씀을 믿어야 한다는 것은 성경공부에 있어 가장 핵심적인 공부방법이다.

2) 가정생활

가정은 육신의 요람이며 정신의 안식처이다. 그러므로 가정은 천국생활의 모형이어야 한다. 하나님은 인간을 창조하시고 아담과 하와로 가정을 이루게 하셨고, 예수님은 혼인잔치에서 축복하셨다. 그러므로 예수 그리스도를 구주로 믿는 가정은 하나님이 인간에게 주신 뜻을 따라 아름답고 평화로운 가정을 이룩해야 한다.

(1) 하나님을 중심으로 한 가정이어야 한다

가정의 주인은 인간이 아니라 하나님이라는 믿음으로 사는 가정이 되어야 한다. 가정의 질서와 행복은 하나님을 주인으로 삼고 온 가족이 믿음의 생활로 얻는 축복이다. 부부간에도, 부모와 자녀간에도 하나님이 가정의 주인이 될 때 부부 사이에는 사랑이, 부모와 자녀 사이는 애정과 효도의 생활이 된다.

(2) 예배를 드리는 가정이어야 한다

그리스도인의 가정은 가정예배를 통해 하나님을 섬기고 이웃을 사랑하면서 가족의 화목을 배워야 한다. 가정예배는 화평의 원천이며, 행복을 이루는 바탕이므로 온 가족이 예배드리는 경건한 가풍을 만들어야 한다.

(3) 모범적인 가정이 되어야 한다

가정에서 성실한 부모, 착한 자녀가 이웃에게도 모범적인 사람이 된다. 가정의 행복은 가족원의 땀과 희생이 요구되므로 가족원 모두가 몸소 실천할 때 모범적인 가정이 된다. 모범적인 가정이 되려면 모든 일이 하나님께 영광이 되도록 힘쓰면서 서로 양보하며 용서하는 미덕을 보여야 한다.

3) 사회생활

사람은 서로 도우면서 살아가는 존재이므로 사회적 동물이라고 한다. 그리스도인은 하늘나라 시민인 동시에 한 사회의 시민이기도 하다. 그러므로 그리스도인의 사회생활이란 이웃들과 깊은 관계가 있다. 그리스도인은 사회에서 빛과 소금의 역할을 감당하여 건전한 사회가 되도록 최선을 다하여야 한다.

(1) 진실된 생활을 해야 한다

믿음이라는 말은 진실이라는 말과 같은 뜻이다. 그러므로 그리스도인은 사회 속에서 진실된 생활을 해야 한다. 거짓이 판을 치고 속임수와 거짓말이 너무도 흔한 사회에서 진실하게 산다는 것은 어려운 일이지만 그리스도인들의 진실성이 이 사회를 정화하는 데 한 몫을 감당해야 한다.

(2) 책임 있는 생활을 해야 한다

그리스도인은 이 사회를 밝고 깨끗한 사회로 만들 책임이 있다. 네 이웃을 네 몸같이 사랑하라는 교훈대로 이웃을 사랑할 책임이 있다. 그러므로 그리스도인은 자신의 책임을 잘 감당해야 한다.

그리스도인은 사회정의 구현과 자유와 인권을 존중히 여기는 사회가 되도록 힘써야 한다. 이것이 나에게 맡긴 사명인 줄 알고 책임 있게 살아야 한다.

(3) 빛과 소금의 생활을 해야 한다

예수는 그리스도인에게 너희는 세상의 빛이고 소금이라고 말씀하셨다. 예수는 자신을 빛으로 비유하셨는데 그를 따르는 제자들을 세상의 빛이라고 한 것은 그리스도인은 '반사체' 로서의 빛의 역할을 해야 한다는 의미이다. 예수의 제자된 그리스도인에게 세상 사람들이 기대하는 바가 있기 때문에 그들에게 옳고 그름의 모범을 보여 주어야 한다. 세상의 소금이라고 한 것은 맛을 내는 기능과 부패를 방지하는 기능을 가진 것을 의미한다. 소금이 맛을 내거나 부패를 방지하기 위해 자기를 희생하듯 그리스도인들은 자기 희생으로 이 사회를 맛나는 사회, 그리고 이 사회의 부패를 방지하는 역할을 감당할 수 있어야 한다.

4) 경제생활

기독교의 경제관은 우리의 소유는 우리의 것이 아니라 하나님의 것이라는 개념이다. 하나님께서 당신의 것을 잠시 우리에게 맡겼을 뿐이라는 개념이다. 그러므로 우리는 하나님께로부터 위탁받은 재산을 잘 관리해야 한다. 잘 관리한다는 것은 재산을 정당하게 증식시키며, 옳게, 그리고 하나님의 뜻대로 써야 한다는 것이다.

(1) 돈이란 무엇인가?

우리 사회는 완전히 황금만능주의를 신봉하고 있다. 옛날의 한국인들은 금전이나 물질에 대하여 극히 비타산적이었다. 특히 선비들은 재물을 삼강오륜을 해치는 직접적인 요인으로 생각하였다. 그러나 요즘의 우리 나라 사람들은 돈을 버는 기계로서의 역할에 만족하고 있다. 요즘은 돈을 벌기 위하여 출세를 한다. 그리하여 우리도 잘살 수 있다는 구호는 정신과 육체가 조화를 이룬 이상적인 삶을 말하는 것이 아니라 단번에 끝장을 보려는 한탕주의로 기울고 있다.

예수님은 "사람의 생명이 그 소유의 넉넉한 데 있지 아니하니라."(눅 12 : 15)고 하셨고, 바울은 "돈을 사랑함이 일만 악의 뿌리가 되나니 이것을 사모하는 자들이 미혹을 받아 믿음에서 떠나 많은 근심으로써 자기를 찔렀도다."(딤전 6 : 10)고 경고하였다.

(2) 근면 절약하라

돈을 쉽게 벌면 쉽게 없어진다고 한다. 재산을 증식하기 위해서는 근면 절약해야 한다. 재물은 하나님께서 맡겨 주시는 것이므로 청지기된 우리는 부지런히 일해서 증식시켜야 한다.

사람들은 이익을 많이 얻는 것을 제일로 삼으나 옳게 버는 것이 중요하다. 돈은 죽을 때 갖고 가지도 못하는 것을 알고 있으면서도 왜 인간은 그것을 모으기 위해 의리, 신뢰, 사랑, 우정, 그리고 신앙까지도 쉽게 배반하는가? 돈이 돈일 수 있는 근거는 무엇인가?

(3) 돈을 바르게 쓰라

아무리 돈이 많아도 필요할 때 못 쓰는 돈은 그림의 떡일 뿐이다. 부동산에 묶여 있는 돈, 여행할 때 달러로 교환할 수 없는 원화는 쓸 수 없는 돈이다. 돈은 버는 것도 중요하지만 쓰는 것은 더 중요하다. 쓰되 바르게, 옳게 써야 한다. 부정 소비는 바보나 천치도 할 수 있다.

재물에서 행복을 구하게 되면 언제나 실망하게 되기 때문에 "보물을 땅에 쌓아 두지 말라. 거기는 좀과 동록이 해하며 도적이 구멍을 뚫고 도적질하느니라."(마 6 : 19)고 예수는 말씀하셨다. 재물을 하늘에 쌓는 방법은 첫째, 하나님께 십일조 드리는 것이요(말 3 : 9-12) 둘째, 연보하는 것이요(잠 3 : 9-10) 셋째, 가난한 이웃을 구제하는 것이다(잠 19 : 17).

예수님의 산상수훈인 마태복음 5, 6, 7장의 111절 중 경제문제에 관한 교훈이 산상수훈의 4분의 1인 28절을 차지한다. 예수의 교훈 중 종교문제는 외식하지 말라는 것이 주안점이요, 경제문제는 하나님을 믿고 염려하지 말라는 것이 주안점이다. 그리스도인은 경제문제에 있어서 바른 정신을 갖고 생활해야 한다.

◆ 복 습(질의 응답)

1. 소명이란 무엇을 의미하는 것인가?

……………………………………………………………………………………

……………………………………………………………………………………

2. 장로교회는 제직으로 부르시는 일을 어떻게 이해하고 있는가?

……………………………………………………………………………………

……………………………………………………………………………………

3. 어떻게 부르심을 알게 되는가?

……………………………………………………………………………………

……………………………………………………………………………………

4. 부름받은 자의 생활은 어떠해야 하는가?

① 개인생활……………………………………………………………………

……………………………………………………………………………………

② 가정생활……………………………………………………………………………

……………………………………………………………………………………………

③ 사회생활……………………………………………………………………………

……………………………………………………………………………………………

④ 경제생활……………………………………………………………………………

……………………………………………………………………………………………

3. 장로직

목 적 : 성경에 나타난 장로직의 역사와 성격을 살피며 준비사항을 배운다.
목 표 : 1. 장로의 기원을 성경에서 찾아내며
2. 장로의 자격과 준비사항을 살피고
3. 장로의 직무가 무엇인지 배우고
4. 장로가 가져야 할 바른 자세를 습득한다.

진행순서

찬송과 기도로 시작하고 장로직 강의의 목적과 목표를 청중에게 제시한다.
강의가 끝난 다음 질의 응답으로 장로직에 대한 이해를 다시 갖게 한다.

1. 장로직의 기원

1) 장로의 뜻

성경에 나타난 '장로' 라는 말의 뜻을 종합하여 보면 '나이 많은 사람', '수염난 사람', '존경할 만한 사람', '다스리는 자' 라는 뜻으로 우리 나라 일반 사회에서도 덕이 높고 지혜가 있고 나이 많은 사람을 장로(長老)라고 부른다. 즉 장로란 덕망이 있고 경험과 학식이 많은 지도자라는 뜻이다.

2) 장로직의 기원과 성격

장로직의 기원은 구약 모세시대에까지 소급한다. 출애굽기 18 : 25에 "이스라엘 무리 중에서 재덕이 겸전한 자를 빼서 그들로 백성의 두

목 곧 천부장과 백부장과 오십부장과 십부장을 삼으매"라고 기록되어 있다.

사도 바울시대에도 이미 장로직이 있었다.

"부족한 일을 바로잡고 나의 명한 대로 각 성에 장로들을 세우게 하려 함이니 책망할 것이 없고 한 아내의 남편이며 방탕하다 하는 비방이나 불순종하는 일이 없는 믿는 자녀를 둔 자라야 할지라"(딛 1 : 5 - 6).

장로된 사람은 교회에서 뿐 아니라 사회에서도 책망할 것이 없는 사람이어야 한다. 장로직은 평신도로서 장로교의 최고 직분이고, 영예롭고 책임이 중한 직분이며, 교회 안에서만의 직분이 아니다. 장로된 사람은, 이미 그 개인의 삶은 십자가에 못박고 주의 종으로 그리고 개체 교회를 위해 희생봉사하는 사람이 되는 것이다.

교회 당회에서 안수할 때 이미 장로는 구별되는 것이다. 장로는 구약시대로부터 내려오는 오랜 전통의 안수와 예식을 통해 직분을 맡게 된다. 일단 장로로 안수된 사람은 그 순간부터 교회에서나 밖에서 임의로 삶을 사는 것이 아니라 하나님과 나 사이, 그리고 교회와 나 사이에 계약관계에서 모든 것이 이루어지는 삶을 살아야 한다.

바울은 디모데에게 "너는 모든 일에 근신하여 고난을 받으며 전도인의 일을 하며 네 직무를 다하라."(딤후 4 : 5)고 권면했다.

장로는 모든 면에서 교회의 얼굴이다. 그러므로 교회의 평가 기준은 그 교회 장로들의 신앙과 생활과 헌신의 정도에 따라서 평가된다. 장로는 자기 교회의 일을 대표할 뿐 아니라 세상에 대해서도 교회를 대표하는 것이다. 가정에서, 직장에서, 사회생활 모든 분야에서 장로된 자의 사람됨과 그의 행동에 따라서 교회와 예수 그리스도가 평가받게 된다.

장로의 일거일동이 깊은 의미에서 그의 신앙의 깊이를 세상에 나타내는 무언의 설교가 되며, 장로로서 삶을 얼마나 성실하게 지키며 행동하느냐에 따라 평가받는다. 장로는 한 개인으로서의 권리와 특권과 자유를 가지고 있지만 교회의 장로로서의 공적 의무가 있어서 언제나 그리스도의 본을 따라야 한다.

2. 장로직의 자격

「대한예수교장로회 헌법」은 장로의 자격을 다음과 같이 기록하고 있다(헌법 제2편 제6장 제40조).

1) 상당한 식견과 통솔의 능력이 있어야 한다

식견(識見)이란 학식과 견문을 의미하는 것으로 교회의 행성과 권징을 관리하며 교회의 신령상 관계를 살필 정도의 상당한 학식과 견문이 있어야 한다. 통솔(統率)의 능력이란 지도력을 의미하는 것으로 장로는 교인들이 교리를 오해하거나 도덕적으로 부패하지 않도록 권면하며 지도할 만한 통솔력이 있어야 한다.

2) 무흠 세례교인(입교인)으로 7년을 경과한 자이어야 한다

무흠 세례교인(입교인)이란 권징에 의하여 징벌을 받은 일이 없다는 뜻이다. 7년이란 한 교회에서 계속 7년 있어야 된다는 뜻이 아니라 A교회에서 세례받고 3년 B교회에서 4년을 지냈다면 입교인으로 7년이 지났으므로 피선거권이 있다는 것이다. 그러나 이단으로 인정되는 교파에 소속된 교회의 교회생활은 인정되지 않는다.

3) 40세 이상된 자이어야 한다

장로는 '나이 많은 사람', '수염난 사람', '존경할 만한 사람', '연장자' 라는 뜻이 있어서 장로의 연령은 40세 이상으로 규정하였다.

이상의 자격은 외형적인 자격이고 내적인 장로의 자격에 있어서는 그리스도인으로서 매일의 세상 삶에서 장로로서의 특징을 나타내야 하며, 또한 예수 그리스도와의 관계에서 참되고 성실한 믿음을 가져야 한다.

장로는 건전한 판단을 해야 한다. 교회에서 일어나는 많은 문제는 장로들의 건전한 판단력 부족에서 생기는 경우가 많다. 교회의 문제해결에 있어서 개인적인 생각만으로는 부족하다. 언제나 말씀에 근거하여 건전한 판단을 해야 한다.

장로들의 생활양식은 교회와 세상에서 그리스도의 복음을 증거하는 모범적인 생활이어야 한다. 장로는 교회에서 뿐 아니라 세상에서도 신임을 받을 수 있는 사람이어야 한다.

3. 장로직 준비

교인들의 신임을 받아 장로로 선택되고 당회의 주관으로 안수받고 임직하는 것은 무엇을 의미하는가?

장로선거에서 피선된 사람은 6개월 이상 당회 아래서 교양을 받아야 한다. 장로로 안수받기 전 장로고시를 준비할 때 당회에서 가르치는 한국 장로교 헌법을 공부한다. 어쨌든 장로는 안수받기 전 한국 장로교의 신앙고백과 교회 정치와 행정에 대해 어느 정도의 지식을 습득하도록 되어 있다. 그러나 안수 전에 공부했다고 해서 그것으로 끝나는 것이 아니라 이제부터 시작임을 알아야 한다. 시간이 흐름에 따라 배운 것이 잊혀지고, 또 새로운 것이 계속 나오므로 계속 공부해야 장로직을 감당할 수 있다. 당회원으로 교회를 치리할 때 여러 가지 절차와 규정에 관한 질문이 수시로 있다. 그러므로 장로는 신앙고백서와 교회 헌법을 계속하여 공부하여야 한다. 장로로 선택된 이는 노회가 실시하는 장로고시에 합격하여야 하고, 당회에서 주관하는 임직을 받아야 장로가 된다.

4. 장로직의 직무

장로의 직무는 헌법에서 다음과 같이 규정하고 있다(제2편 제6장 제39조).

1) 장로는 목사와 협력하여 행정과 권징을 관리한다

여기에 장로의 두 가지 직무를 제시하였다.

첫째는 목사와 협력하는 것으로, 협력의 주체는 말씀 증거의 임무를 맡은 목사이고 장로는 협력체가 되어야 한다. 교회에서 장로의 협력 여하가 교회의 성장에 크게 좌우된다는 점에서 그 책임이 막중하다. 그러므로 장로제도는 결코 목사와 대결하거나 투쟁하기 위한 제도가 아니라 협력하기 위한 제도이다.

둘째는 교회의 행정과 권징을 관리하는데 이것도 장로가 목사와 협력해야 할 직무이나. 교회 행정이란 교회적 목석을 날성하고 수행해야 할 모든 일이요, 교회 권징이란 교회의 신성과 질서를 유지하고 범법자의 회개를 촉진하여 바른 신앙생활을 하게 하는 일이다.

2) 장로는 교회의 신령상 관계를 살펴야 한다

장로가 교회의 신령상 관계를 살피려면 첫째, 장로 자기 자신부터 신령해야 하고 둘째, 교회에 대한 관심이 다른 교인들보다 특별해야 한다. 자기 자신이 신령하지 못하면서 교인의 신령상 형편을 살필 자격이 없고, 교회에 대한 관심이 없으면서 교회 형편을 살필 수 없다.

3) 교인들을 올바른 방향으로 선도하여야 한다

헌법은 "장로는 교인들이 교리를 오해하거나 도덕적으로 부패하지 않도록 권면하며, 회개하지 않는 자가 있으면 당회에 보고한다."고 규정하였다.

장로는 교리의 오해나 도덕적 부패를 막을 책임이 있다. 그러면 교리란 무엇인가? 교리란 신앙의 규범으로 제시된 가르침으로 장로교의 교리라면 12신조와 요리문답 등을 의미한다.

또한 장로는 교인들이 교리적으로나 도덕적으로 잘못되지 않도록 개인적으로 또는 당회적으로 권면할 책임이 있다(행 20 : 28-30, 롬 12 :

8, 딤후 4 : 3-4, 히 3 : 13). 그 책임을 감당하기 위해 장로는 지도력도 있고 분별력도 있어야 한다. 장로가 지도력이 없으면 교인들에게 끌려갈 가능성이 있고 분별력이 없으면 사리판단을 잘못함으로 일을 그르칠 수도 있다.

교인들을 올바른 방향으로 선도하며 권면하여도 회개하지 않는 자가 있으면 당회에 보고한다는 것은 어떤 처벌을 하기 위함이 아니라 당회원이 협력하여 교인을 선도하려는 뜻이 있다.

장로는 교회와 사회 사이에서 교량역할을 함으로 하나님 나라가 확장되도록 힘을 다해 봉사해야 한다.

5. 장로직의 자세

어떤 기업인이 그 사업에 성공하려면 기업인으로서의 기본자세가 바로 되어 있어야 한다고 한다. 기업인이 아무리 높은 지능과 충분한 지식과 숙련된 기술과 풍부한 경험이 있다고 하여도 그 일에 임하는 자세가 바르지 못하면 성공할 수 없다. 자세는 기업인에게만 필요한 것이 아니라 교회의 장로에게도 요구된다. 그러면 자세란 무엇인가? 자세란 몸과 마음과 행동에 대한 바른 모양과 올바른 태도이다. 그러면 장로가 장로직을 감당할 수 있는 가장 능률적이며 효과적인 자세는 무엇인가?

1) 헌신의 바른 자세가 되어야 한다

장로는 장로직을 위하여 몸과 마음과 생활을 바친 자이다. 바울은 "너희 몸을 하나님이 기뻐하시는 거룩한 산 제사로 드리라."(롬 12 : 1) 하였으니 장로는 하나님께 드리는 제물 같은 자가 되어야 한다.

헌신의 바른 자세를 위한 몇 가지 유의할 점이 있다.

(1) 배우는 자세가 되어야 한다

장로의 좋은 자세는 배우면서 일하는 데 있다. 장로직을 맡기 전에 장로직을 위한 충분한 지식을 습득해야 하지만, 그 자신이 하고 있는 일의 더 좋은 발전을 위해 많이 배우고 계속 배워야 한다.

장로직을 잘 감당하려면 그 직의 의미와 책임이 무엇인가를 배워야 한다. 잘 알고 헌신하면 일에 기쁨도 있고 능률도 오르지만, 모르고 헌신하면 자신도 괴롭고 다른 이가 보기에도 민망해진다.

배움에는 끝이 없다. 계속적으로 발전하고 존경받는 장로가 되려면 계속 배워야 한다. 예수님은 "나의 멍에를 메고 내게 배우라."고 하셨다(마 11 : 29). 배운다는 것은 지식 습득만이 아니라 도덕적 수양까지를 의미하는 것이다.

(2) 더불어 일하는 자세가 되어야 한다

장로교 정치에 "장로는 목사와 협력하여 행정과 권징을 한다."고 되어 있다. 장로의 직무는 교회의 행정과 권징으로, 그 직무는 장로 혼자서 할 수 있는 일이 아니라 목사와 더불어 하는 일이다. 장로제도는 결코 목사와 대결하거나 투쟁하기 위해 마련된 제도가 아니라 협력하기 위한 제도이다. 성경에 나타난 천사들의 노래나 장로들의 노래에는 독창이 없다. 길건 짧건 모두 더불어 부르는 합창뿐이다. 하나님을 찬양할 때는 천군 천사가 더불어 찬양해도 부족한 것뿐이다. 헌신하는 장로직은 모름지기 배타적이거나 독선적이거나 분파적인 심성을 버리고, 목사와 더불어 교인들과 함께 일하는 자세가 되어야 한다.

(3) 종의 자세가 되어야 한다

아침부터 목장에서 종일 일하고도 저녁에 돌아와서 주인의 식사를 위해 시중을 들면서 "우리는 무익한 종이라. 우리의 하여야 할 일을 한 것뿐이라."(눅 17 : 10)는 한마디로 일과를 마무리하는 종의 자세가 되어야 한다. 그런데 오늘날의 교회에는 논공행상을 바라고, 마르다처럼 불평하거나(눅 10 : 40), 품삯을 항의하듯(마 20 : 11 - 12) 대우하지 않는다고 항거하는 제직도 있다. 그러나 예수님의 일행을 위해 유월절 잔치를 준비해 드리면서도 이름을 밝히지 않은 사람처럼(마 26 : 18), 묵묵히 이름도 없이 빛도 없이 헌신하는 장로가 없는 것도 아니다.

2) 봉사의 바른 자세가 되어야 한다

장로직은 지배하거나 명령하는 직이 아니라 봉사하는 직분이다. 봉사란 다른 이를 섬기는 일이요, 다른 사람을 즐겁게 하는 일이다. 장로가 봉사하려면 자기의 희생과 자기 고통이 따르기 마련이다. 봉사란 칭찬이나 명예나 대접을 기대하지 않는 일이다.

장로가 봉사를 잘하려면 몇 가지 유의할 점이 있다.

(1) 발을 씻기는 자세가 되어야 한다

요한복음 13장에는 스승이신 예수께서 제자들의 발을 씻는 모습이 잘 묘사되어 있다. 세상에는 낮은 이가 높은 이를 위해 봉사하고, 가난한 자가 부자를 섬기는 일이 있다. 그러나 장로는 스승이 제자의 발을 씻기는 것과 같은 봉사자가 되어야 한다. 어떻게 이런 일이 있을까? 스승이신 예수께서 제자들을 극진히 사랑하시기 때문에 제자들의 발을 씻기신 것이다. 발을 씻기는 뜻도 몰랐던 베드로의 발도, 스승을 잡아 죽이려는 음모를 꾸미고 있는 가룟 유다의 발까지도 예수님은 씻기셨다.

교회는 높은 이가 낮은 이를 위해 봉사하고, 부자가 가난한 자를 위해 섬기고, 유식한 자가 무식한 자를 위해 일하는 장소이다. 그러므로 장로는 교인들을 섬기는 자로서 일을 하기 위해 선택받은 자임을 명심하여야 한다. 봉사의 직무를 감당하려면 교회와 교인을 극진히 사랑하는 마음이 앞서야 한다.

(2) 즐겁게 일하는 자세가 되어야 한다

베드로는 장로들에게 "하나님의 양무리를 치되 부득이함으로 하지 말고 오직 즐거운 뜻으로 하라."고 권면하였다. 어떤 일이든지 억지로 하면 자신도 괴롭고 일도 잘 안 되지만, 즐거워서 일하면 자신도 즐겁고 일의 성과도 있다. 공부하기를 싫어하는 학생이나 마지못해 일하는 일꾼에게서 어떤 자세로 일해야 될 것인가를 깨닫게 된다. 노래를 부르고 싶어서 부르는 가수, 운동하기가 좋아서 운동하는 선수처럼 장로는 교회를 위한 봉사가 좋아서 즐겁게 일을 해야 하지 않겠는가? 삯을 받고 일하는 일꾼은 품삯 때문에 억지로 일하는 자이지만 장로는 자진해서 기쁜 마음으로 즐겁게 일하는 봉사자가 되어야 한다.

베드로 당시 장로 중에는 더러운 이(利)를 위하여 일하는 자도 있었던 모양이다. 지금도 자기의 명예나 지위나 이익을 위해 일하는 자가 있을 수 있으나 참된 장로는 즐거운 마음, 즉 마음에서부터 우러나오는 소명감에서 일하는 장로여야 한다. "하나님은 즐겨 내는 자를 사랑하시느니라."(고후 9 : 7)는 말씀은 헌금자만을 위한 교훈이 아니라, 하나님을 위한 모든 봉사자에게 주시는 축복의 말씀이다.

(3) 옥합을 깨뜨리는 자세가 되어야 한다

봉사하는 장로의 자세는 옥합을 깨뜨려 나드 기름을 주님께 부어 드리고 자기 머리털로 그의 발을 닦아 온 집안에 향유 냄새가 가득하게 한 마리아의 자세가 되어야 한다. 향유 냄새가 집안 가득하게 된 것은 옥합을 깨뜨리는 희생과 머리털로 그의 발을 닦아 드리는 봉사가 있었기 때문이다. 장로의 향기가 교회 안팎으로 퍼지려면 자기의 몸을 쳐서 복종케 하는 희생과 교인을 섬기는 생활이 있어야 한다.

어느 교회에 존경받는 장로가 있다. 그는 대학교수로서 정년퇴임 때까지 평일에는 대학에서, 주일이면 교회에서 봉사하는 동안 다른 곳에는 한 번도 가 본 일이 없었다고 한다. 장로직을 감당하기 위해 한 주일도 교회를 떠날 수 없었다니 그 향내가 교회 가득히 퍼져서 존경을 받는 것이다.

3) 모범의 바른 자세가 되어야 한다

베드로는 장로들에게 "주장하는 자세를 하지 말고 오직 양무리의 본이 되라."(벧전 5 : 3)고 권면하였다. 장로는 교회의 형편을 살피며, 교인들이 교리를 오해하거나 도덕적으로 부패하지 않도록 권면하여야 할 자이므로 교인들로부터 존경을 받아야 한다.

(1) 교인들에게 사표(師表)가 되어야 한다

수직적으로 하나님을 섬기고, 수평적으로 교인들에게 봉사해야 하는 장로직은 인간의 지식이나 힘만으로는 감당할 수 없다. 그러므로 장로직은 성령의 도우심을 받아야 감당할 수 있다. 장로가 교인들로부터 지탄을 받으면 장로직을 감당할 수 없다. 그러므로 장로는 교인의 의무인 예배 출석과 헌금과 교회 치리의 복종과 아울러 신앙과 생활, 그리고 인격면에 있어서 언제나 교인의 모범이 되어야 한다.

(2) 가정에서 모범이 되어야 한다

장로는 먼저 한 사람의 가정인으로 모범적이기를 성경은 요구하고 있다. 그러므로 정상적인 결혼생활로부터 시작하여 부모에게 효도하고, 형제간에 우애하고, 자녀들로 모든 단정함으로 복종케 하는 자라야 한다. 자기 가정도 다스릴 줄 모르는 사람이 어떻게 하나님의 교회를 돌볼 수 있겠느냐(딤전 3 : 5)고 바울은 경고하였다.

(3) 교회 밖의 사람에게도 좋은 평을 받는 자이어야 한다

교회는 사회 속에 있는 하나님의 집이기 때문에 특히 장로는 교회의 장로이기 전에 사회 속에서 칭찬받는 장로가 되어야 한다. 그러므로 장로는 자제력과 신중성도 있어야 하고, 난폭하지 않고 온순하며, 남과 다투지 말아야 한다고 성경은 가르치고 있다. 그리고 돈에 욕심이 없어야 한다. 교회의 권위와 장로의 명예를 위해서 장로들이 재정에 관해 시비를 듣지 않기를 바란다. 장로가 그의 직장이나 지역사회로부터 칭찬을 들을 때 교회 발전에 큰 도움이 된다. 그렇지 못할 때는 교회의 피해가 너무나 크다.

장로직이 영광스러운 직임임에는 틀림이 없다. 그러므로 장로직을 잘 감당하기 위하여 겸손한 대화로 사람을 대하고 진실과 덕망으로 교인들을 지도하는 장로가 될 때 장로직의 고귀성이 더욱 빛나게 된다.

6. 목사와 장로의 갈등문제

한국에 복음이 전파되면서 교회는 목사보다 장로를 먼저 장립하였다. 초기 한국교회는 장로와 집사, 그리고 평신도들이 헌신적으로 교회를 세우고 섬기다가 말씀을 가르치며 성례전을 거행할 목사를 청빙함으로 목회를 전담하게 되었다. 따라서 초기 한국교회는 목사와 장로의 관계는 서로 받들고 존경하며 협조함으로 화목하는 교회, 발전하는 교회, 사회에 빛이 되는 교회였다. 그렇게 협조적이며 봉사적이던 목사와 장로의 관계가 오늘에는 갈등과 긴장의 관계로 변한 이유가 무엇인가? 여러 가지 이유가 엉키고 설켜 이제는 개체 교회의 문제가 아니라 전 교단적이며 전국적으로 심각한 문제가 되었다.

목사와 장로의 갈등은 왜 일어나는가?

1) 주도권 문제이다

교회가 성장하면서 교회의 주도권 문제가 심각하게 되었다. 목사와 장로는 다같이 치리권을 가지고 다같이 안수받은 직분이다. 항존직이다. 그러므로 교회를 누가 움직이느냐의 문제는 심각하다.

2) 직능의 한계 문제이다

목사와 장로의 지식 수준에 차이가 있을 뿐 아니라 장로가 목사보다 더 우세할 수도 있다. 이렇게 되어 장로가 목사를 안수하는 문제에까지 발전하였다. 장로와 감독은 다를 수 있고 같은 사람이 될 수도 있다. 평신도가 교회의 최고권을 가진 일이 있었다. 6세기경 아일랜드 교회의 최고 권위자는 성직자가 아니라 종족의 추장이었다. 추장이 성직자일 수도 있으나 많은 경우 추장은 평신도였고 그 휘하에 성직자들이 있었다.

영국 성공회의 최고 주권자는 성직자가 아니다. 평신도의 국왕이다. 그리고 국왕의 대관식에는 성직자인 캔터베리 대감독이 국왕의 머리에

왕관을 씌운다.

3) 교회의 목사나 장로가 문제 있을 때 일어난다

목사가 자질이 부족하든지, 능력이 모자라서 목사로서의 기능을 제대로 하지 못한다든지, 성실하지 못해 교회에 부덕하게 되면 목사와 장로 사이에 불화가 생긴다. 장로의 경우도 마찬가지이다. 장로가 도덕상, 윤리상 문제가 있는데 수단 방법을 가리지 않고 교권을 장악하면서 교회를 어지럽게 할 때 장로와 목사는 급기야 교회에 문제를 야기시킨다. 이렇게 되면 교회문제는 위험수위에까지 도달하여 세상에까지 문제가 파급된다.

미국 장로교회의 장로, 집사제도의 시무기간에 대한 기록을 참고로 여기에 옮긴다. 미국 장로교회는 장로와 집사회가 각기 따로 되어 있다.

모든 교회가 장로와 집사의 직에 남녀를 선출해야 하는 헌법적 기대를 설정한 후 그 일을 어떻게 시행할 것인지를 더 자세히 말하고 있다. 장로와 집사는 3년 기간 시무하고 재선될 수 있다. 그러나 장로, 집사가 6년 이상 계속 시무할 수 없다. 6년 동안 시무한 사람은 적어도 1년 동안에는 재선될 수 없다(G-14.0201a). 어떤 교회에서는 3년을 한 시무기간만으로 정하고 재선을 허락하지 않는 결정을 할 수도 있다.

제한된 시무기간에 관한 조항의 한 가지 효과와 목적은 많은 사람이 교회 제직에 봉사할 수 있게 하는 데 있다. 그렇게 되면 매년 새로운 제직이 선출되어 취임하게 된다. 전에 당회나 집사회에서 봉사하던 사람이 재선될 수 없는 1년의 기간이 지났을 경우 자동적으로 재선되는 것이 아니다. 어떤 교회는 전의 제직도 재공천을 하는 전통을 가지고 있기도 하나 헌법은 교인들이 교회를 이끌기에 가장 적절한 사람이 누구인지를 자유롭게 선출할 수 있게 하고 있다.

제직 윤번제에 관한 규정이 당회와 집사회를 가능한 한 같은 수의 세 조로 나눌 것을 분명히 말하고 있다. 한 시무기간을 마치고 새로 선정된 제직이 취임하는 제도는 업무의 계속성과 새로운 생각의 도입을 이루는 데 의미가 있다. 당회나 집사회에 시무하는 사람의 시무기간은 새로운 제직이 실제적으로 선출되고 취임될 때까지(가령, 정한 기간이 몇 주 전에 만기되었어도) 계속된다. 「규례서」는 질서 있는 이 · 취임을 분명히 하고 있다(G-14.0201a).

◆ 복 습(질의 응답)

1. 장로직의 기원은 어느 시대에까지 소급되는가?

....

2. 교회 헌법이 규정한 장로의 자격은 무엇인가?

....

3. 장로로 선택되면 어떤 준비가 있어야 하겠는가?

....

4. 교회 헌법이 규정한 장로의 직무는 무엇인가?

....

....

5. 장로직의 자세는 어떠해야 하는가?

....

....

6. 한국교회의 목사와 장로의 갈등은 왜 일어나게 되었는가?

....

....

4. 집사직

목 적: 성경에 나타난 집사직의 역사와 그 임무를 배운다.
목 표: 1. 집사직의 기원과 자격 규정을 살피고
2. 집사직의 직무를 배우고
3. 집사의 생활을 살펴 배운다.

진행순서
찬송과 기도로 시작하고, 집사직 강의 목적과 목표를 청중에게 알린다.
강의가 끝난 후에 질의 응답으로 집사직에 대한 토론이 있어야 된다.

1. 집사직의 기원과 성격

집사직의 기원은 사도행전 6장에서 찾게 된다. 초대교회가 성장함에 따라 말씀 전하는 데 종사하던 사도들이 바쁜 일정으로 물질적인 사역을 더 이상 감당할 수 없게 되어서 사도들은 이렇게 말하였다.

"우리가 하나님의 말씀을 제쳐 놓고 공궤를 일삼는 것이 마땅치 아니하니 형제들아, 너희 가운데서 성령과 지혜가 충만하여 칭찬 듣는 사람 일곱을 택하라. 우리가 이 일을 저희에게 맡기고"(행 6 : 2-3) 하였으니 집사직의 처음 시작은 봉사하기 위한 것이다.

1) 초대교회 집사의 자격

초대교회의 집사의 자격은 성령과 지혜가 충만하여 칭찬 듣는 사람이어야 했다(행 6 : 3).

(1) 성령이 충만해야 한다

맡은 일을 바르게 처리하기 위하여 성령이 충만해야 한다. 그리스도의 영이 없는 사람은 그리스도의 사람이 아니다(롬 8 : 9). 그리스도인 중에서 집사직을 맡은 사람은 성령이 충만하지 않으면 안 된다. 왜냐하면 성령이 충만하지 않으면 하나님의 뜻을 분별하지 못하며(고전 2 : 14), 하나님의 뜻대로 맡은 일을 행할 수 없기 때문이다.

(2) 지혜가 충만한 사람이어야 한다

이 지혜는 인간의 지혜가 아니라 성령의 충만함으로 얻는 하나님의 지혜이다. 이 지혜는 사리를 분별하며 일을 처리함에 있어서 치우치지 아니하는 마음이다. 지혜가 부족한 사람은 공평하지 않은 행사를 하기 쉽다. 그러므로 집사는 교회 일을 처리할 때 정도(正道)를 따라 처리할 수 있는 지혜가 있어야 한다.

(3) 칭찬 듣는 사람이어야 한다.

교회 안에서는 물론 교회 밖에서도 칭찬 듣는 사람이어야 한다(딤전 3 : 8). 하나님의 일과는 관계 없는 일로 평판이 좋은 사람이 교회 요직에 추대되는 경우가 없지 않다. 그러나 그것은 옳지 않다. 집사직을 맡은 사람은 반드시 성령이 충만하며 지혜가 있고, 그것으로 말미암아 사람들로부터 칭찬 듣는 사람이어야 한다.

2) 초대교회 집사 선택방법

초대교회에서 집사를 선택할 때 당시 교회 지도자인 사도들이 독단으로 하지 않고 온 교인의 의견을 묻고 민주적인 방식으로 선택하였으니 이것이 장로교 정치의 기초요, 공화정치의 시작이다(행 6 : 1-6).

교인들이 선택한 일곱 집사는 스데반을 위시하여 헬라식 이름을 가진 사람들이다. 그렇다면 불평을 일으킨 사람들 편에서 집사를 선택하였으니 교회가 관용의 미덕을 보여 준 것이다. 온 교회가 선택하고 사도들이 안수하여 임직하였으니 이로써 장로교회의 집사 임직의 본이 되고 있다.

집사 선택의 결과는 첫째, 하나님의 말씀이 점점 왕성하고 둘째, 예루살렘에는 제자의 수가 더 많아지고 셋째, 허다한 제사장의 무리도 이 도에 복종하였다(행 6 : 7).

2. 바르게 알아야 할 집사직

집사(執事)라는 명칭은 교회에서보다 우리 나라 사회에서 먼저 사용한 칭호이다. 옛날부터 우리 사회에서 주인의 옆에 있으면서 그 집의 일을 맡아 관리하는 사람을 집사라고 불러 왔다.

1) 집사의 뜻

집사(Deacon)는 헬라어로 디아코노스(Diakonos ; διάκονος)로 종, 시중드는 자, 수종자의 뜻으로 집사는 사도시대 이후에 교회에서 수종자(隨從者)들을 가리키는 말로 사용되었다.

사도행전 6장에는 집사라는 말이 나오지 않고 사도행전 21 : 8에서 일곱 집사 중 하나인 빌립이 전도자라는 이름으로 불리어지고 있다.

헬라어 디아코노스가 집사라고 번역된 것은 신약성경에 세 번 있다(빌 1 : 1, 딤전 3 : 8, 롬 16 : 1). 그 밖에도 하인, 사환, 섬기는 자, 종이나 일꾼, 사역자, 청지기로 번역되었다.

(1) 집사는 하인이다

디아코노스를 요한복음 2 : 5에는 하인으로 번역하고 있다. 하인은 주인에게 순종해야 한다. 그러므로 집사는 주인되시는 예수 그리스도의 이름으로 섬길 때 언제나 예수 그리스도의 정신으로 섬기며 온유와 겸손한 자세를 잊어서는 안 된다.

(2) 집사는 사환이다

마태복음 22 : 13에 디아코노스를 사환(使喚)이라고 번역했다. 사환이란 잔심부름을 시키기 위하여 관청이나 사삿집 또 가게 같은 데서 고용하여 부리는 사람이다. 사환은 충성하여야 한다. 모세는 하나님께서 장차 말씀하시려는 것을 증언하려고 사환으로서 하나님의 온 집에서 충성하였고(히 3 : 5), 또한 "내 종 모세와는 그렇지 아니하니 그는 나의 온 집에 충성됨이라."(민 12 : 7)고 칭찬하였다. 모세는 하나님의 사람으로 충성, 하나님의 집의 사환으로 충성, 그리고 이스라엘의 지도자로 충성하여 이스라엘 나라 건국의 창업을 완수하였다. 집사는 하나님의 집의 사환으로 모세와 같이 충성하여 하나님 나라 건설에 한 몫을 담당하여야 한다.

(3) 집사는 섬기는 자이다

집사는 섬김을 받는 자가 아니라 고린도 교회의 스데바나의 가정같이 성도를 섬기는 일에 몸을 바치는 자이다(고전 16 : 15－18). 스데바나의 가정이 아가야에서 처음으로 신자가 된 것은 명예로운 일이다. 그러나 그보다 더 귀한 것은 성도를 섬기는 일에 몸을 바친 가정이기 때문이다. 집사가 된 것은 영광스러운 일이지만 그보다 더 귀한 것은 성도를 섬기는 것이다. 예수가 위대한 것은 "인자가 온 것은 섬김을 받으러 온 것이 아니라 섬기러 온 것이고, 또 많은 사람을 위한 대속물로 목숨을 내주러 오셨기 때문이다."

3. 집사의 자격

「대한예수교장로회 헌법」은 집사의 자격을 이렇게 규정하였다(헌법 제2편 제8장 제51조).

집사의 자격은 교우들의 신임을 받고 진실한 신앙과 지혜의 분별력이 있고, 무흠 세례교인(입교인)으로 5년을 경과하고 30세 이상된 남자로서 디모데전서 3 : 8～10에 해당한 자라야 한다. 집사의 자격을 헌법상 자격과 성경상 자격으로 구분하여 설명하려고 한다.

1) 헌법상 자격

(1) 교우들의 신임을 받아야 한다

신임을 받는 방법은 공동의회에서 과반수 이상의 찬성 투표를 받아야 한다. 장로회 정치는 주권이 교인들에게 있는 민주정치이므로 주권자인 교인들의 신임을 얻어야 한다. 집사는 교회의 종이요, 섬기는 자이므로 진실하다는 신임을 받아야 한다는 것이다.

(2) 진실한 신앙과 지혜의 분별력이 있어야 한다

집사는 봉사직인 동시에 교회의 지도자이다. 그러므로 집사는 믿음과 지혜가 있어서 사리를 올바르게 판단할 수 있어야 한다. 집사가 바람부는 대로, 물결치는 대로 군중심리에 끌려다니면 하나님의 교회가 어떻게 되겠는가? 그러므로 신앙적으로 진실하고 지혜로운 분별력이 있어야 한다. 초대교회는 신앙이 있고, 성령과 지혜가 충만한 사람을 집사로 선택했다.

(3) 무흠 세례교인(입교인)으로 5년을 경과한 자이어야 한다

바울은 감독의 자격을 논하면서 "새로 입교한 자도 말지니 교만하여져서 마귀를 정죄하는 그 정죄에 빠질까 함이요."(딤전 3 : 6)라고 하였다. 무흠 세례교인(입교인)이란 집사가 되려면 세례교인이 되어 적어도 5년 간은 모범적인 교인의 경험이 있어야 된다는 것이다.

(4) 30세 이상 된 남자이어야 한다

바울은 디모데에게 "누구든지 네 연소함을 업신여기지 못하게 하라."(딤전 4 : 12)고 하였다. 레위인은 30세가 되어야 성전에서 봉사할 수 있었고(민 4 : 3, 47), 예수가 공생애를 시작할 무렵 그의 나이가 30세쯤이었다(눅 3 : 23)는 사실은 유대 사회에서 많은 의미를 내포하는 표현이다.

2) 성경상 자격

"집사들도 단정하고 일구이언을 하지 아니하고 술에 인박이지 아니

하고 더러운 이(利)를 탐하지 아니하고 깨끗한 양심에 믿음의 비밀을 가진 자라야 할지니 이에 이 사람들을 먼저 시험하여 보고 그 후에 책망할 것이 없으면 집사의 직분을 하게 할 것이요."(딤전 3 : 8-10) 하였다.

바울은 집사의 자격으로 적극적인 덕목과 소극적인 행동을 각각 세 가지씩 제시하였다.

(1) 적극적인 덕목

첫째, 단정하여야 한다. 단정이란 신중한 행동이나 자기 처신에 엄격하고 규모 있게 행동하는 것이다.

둘째, 깨끗한 양심이 있어야 한다. 깨끗한 양심이란 중생한 자의 마음가짐으로 진리를 깨달은 대로 행하려고 노력하고, 그렇게 행하지 못한 것에 대해서는 회개하는 양심이 깨끗한 양심이다.

셋째, 믿음의 비밀을 가진 자이어야 한다. 바울은 집사의 자격으로 깨끗한 양심만 가져야 한다고 말하지 않고 여기에다 믿음의 비밀까지 더할 것을 명하고 있다. 믿음과 양심을 함께 연결시키는 것은 신앙과 행위는 일치되어야 한다는 것이다. 영혼이 없는 몸이 죽은 것같이 행함이 없는 믿음은 죽은 것이다(약 2 : 26). 믿음의 비밀이란 그리스도의 대속으로 구원받은 진리를 가리키는 것으로 집사는 믿음의 체험이 있어야 한다.

(2) 소극적인 행동

첫째, 일구이언(一口二言)하지 말아야 한다. 일구이언이란 이 사람에게는 이 말을, 저 사람에게는 저 말을 하는 것이다. 일구이언은 진실성이 없는 행동이다. 집사는 교회의 재정과 같은 중요한 일을 맡는 자로서 무엇보다도 진실성이 없어서는 안 된다.

둘째, 술에 인박이지 않아야 한다. 감독에게도 경계된 조목으로(딤전 3 : 3) 집사들은 구제를 위해 각 가정을 방문하며 여러 사람을 만나야 하는데, 집사가 술을 즐긴다면 자신이 맡은 일을 바르게 수행하기가 어려울 뿐만 아니라 당연히 말이 많아져 험담과 논쟁을 일으킬 수 있기 때문에 술을 금하고 있다. 그러나 약용으로 사용하는 것은 금하지는 않았다(딤전 5 : 23).

셋째, 더러운 이(利)를 탐하지 않아야 한다. 더러운 이(利)란 부끄러운 이를 뜻하는데 뇌물을 받거나 공금을 도용하는 것과 같은 일이다. 이 같은 일은 자신만 아니라 교회적으로도 큰 문제가 되며 하나님의 영광을 가리는 일이 된다. 발람(벧후 2 : 15-16), 게하시(왕하 5장), 가룟 유다(마 26 : 14-16)는 더러운 이를 탐한 자로 비참한 최후를 맞은 본보기가 된다.

바울은 집사의 자격을 열거하면서 이런 사람들을 먼저 시험해 보고 책망할 일이 없으면 집사의 일을 하게 하라고 하였다(딤전 3 : 10).

3) 서리집사의 자격

서리집사는 진실한 무흠 세례교인(입교인) 중에서 25세 이상 된 자로 당회가 임명한다(헌법 제2편 제8장 제59조).

장로회의 기본 직제는 목사, 장로, 집사(안수집사)이다. 그러나 고린도전서 12 : 28에 의하면 여러 가지 은사 중에 남을 도와 주는 사람이라는 은사도 있으므로 이에 근거하여 돕는 직분으로 임시직을 제정하였다.

한국교회는 초기부터 목사를 돕는 조사(助事), 장로를 돕는 영수(領袖), 집사를 돕는 서리집사가 있었다. 조사는 전도사로 발전하였고, 영수 직제는 폐지되고, 안수집사를 돕는 서리집사는 현재까지 계속되고 있다.

개정된 정치에 의하면 집사(안수)는 남자(제51조), 권사(안수)는 여자(제53조)로 규정하였으나 서리집사는 남녀의 구별 없이 임명할 수 있다.

4. 집사의 직무

헌법은 집사의 직무를 다음과 같이 규정하고 있다.

집사는 교회의 택함을 받고 제직회 회원이 되며, 교회를 봉사하고,

헌금을 수납하며, 구제에 관한 일을 한다.

집사가 되기 전에 집사직을 맡을 사람은 먼저 스스로에게 물어 보아야 하는 질문이 몇 가지 있다.

· 나는 하나님의 일을 나 자신의 일보다 위에 둘 수 있는가?
· 나는 기독교의 진리를 개인적인 생각보다 위에 둘 수 있는가?
· 나는 자기 정당화에 빠지지 않고 비난도 감수할 수 있는가?
· 나는 다른 사람에게 책임을 전가하지 않고 비판을 감당할 수 있는가?
· 나는 다른 사람의 험담을 듣고도 다른 사람들에게 전하지 않을 수 있는가?
· 나는 비록 소수에 속할지라도 의를 위해서라면 분연히 일어설 수 있는가?

집사는 집사직을 수락하기 전에 집사로서 치러야 할 대가에 대해 반드시 깊이 생각해 보아야 한다. 집사직은 높은 수준의 개인적이고 영적인 책무를 요구한다.

1) 제직회 회원으로서의 집사

제직회란 무엇인가? 미국 장로교는 장로회, 집사회가 따로 구분되어 있으나 한국 장로교회의 제직회는 목사, 장로, 집사, 권사, 서리집사, 전도사가 다 모이는 회의이다. 그러므로 제직회의 역할은 매우 크고 중요하다.

집사가 제직회 회원이 된다는 것은 권리인 동시에 의무이나 권리에는 반드시 의무가 따른다. 어떤 집사는 예배시간에는 참석하면서도 바쁘다는 핑계로 또는 교회 일에 관심이 없다는 이유로 제직회에 참석하지 않는 이가 있다. 제직회는 교회의 살림살이를 토의 결정하는 기관으로 지난 일에 대해 보고를 받고 새로운 일을 수립하는 제직회에 집사가 참석하지 않고 어떻게 교회에 바르게 봉사할 수 있겠는가? 그러므로 집사는 제직회가 모일 때마다 참석해야 한다.

2) 교회 봉사자로서의 집사

봉사란 섬긴다는 뜻이다. 요한복음 13장에 예수께서 제자의 발을 씻기시는 기사가 있다. "주이며 선생인 내가 너희의 발을 씻어 주었으니 너희도 서로 발을 씻어 주어야 한다." 하였으니 여기서의 요구는 섬기라는 것이다. 봉사자로서의 집사의 직무를 살펴보면 다음과 같다.

(1) 안내를 통한 봉사

첫인상은 매우 중요하다. 주차장에 차를 주차하고 예배당에 들어와 앉기까지 사람들은 어떤 느낌을 가지는가? 교회에 대한 안내는 사람들의 그 교회에 대한 태도와 기쁜 마음으로 예배하려는 그들의 마음가짐에 직접적인 영향을 미칠 것이다. 주차장이나 문간에서 미소를 띠고 친절하게 봉사하는 집사가 있는가? 교회는 깨끗하게 정돈되어 있으며 예배드리기에 적절한 분위기가 조성되어 있는가? 예배실에서 편안한 자리를 잡을 수 있도록 도와 주는 안내원은 있는가?

집사들이 교인들에게 대하는 태도에서 호감을 느낄 수 있도록 친절하게 섬기는 자가 되어야 한다. 교회에 와서 예배드리는 교인들에게 즐거운 경험이 되도록 하는 것은 집사의 책임이다. 안내는 주님을 향한 봉사이다. 안내위원이 된 집사는 그들의 봉사가 주님을 향한 봉사라는 정신을 가져야 한다. 주님께 대한 봉사보다 더 큰 봉사는 없다. 예배드리러 오는 교인들을 반가운 손님으로 대접하여야 한다. 가정에서는 초대받은 손님을 그렇게 극진히 대접하면서 교회에서는 예배드리러 오는 교인들을 친절하게 대접하지 않는 이유는 무엇인가?

교회들이 지역공동체로부터 새로운 식구를 별로 끌어들이지 못하는 것은 결코 놀랄 만한 일이 아니다. 사람들은 예배드리러 오는 사람들을 반갑게 손님으로 대접하는 방법을 배운 적이 없기 때문이다.

(2) 심방을 통한 봉사

집사는 봉사를 위해 부름받은 사람이다. 심방도 그런 봉사의 일부이다. 헌신적인 집사라면 심방하는 책임을 회피하지는 않을 것이다. 집사들이 교우심방을 할 때 알아두어야 할 몇 가지가 있다.

집사의 심방사역은 목사와 협조가 잘 되어야 한다. 교인들을 돌보는 것이 목사의 가장 큰 관심사이므로 집사들의 심방을 목사가 잘 알 수 있게 하여야 한다. 그러므로 목사의 지도에 따라 집사는 심방해야 한다.

집사는 심방할 때 적절한 시간에 적절한 방식으로 할 수 있도록 주의해야 한다. 사전에 전화로 연락하면 적절한 시간에 심방할 수 있는 길을 찾을 수 있다. 오랜 시간 동안 하는 심방은 바람직하지 않기 때문에 상대방의 시간을 존중해 준다면 그들은 감사하게 생각할 것이다. 가능하다면 심방할 때는 둘씩 다니는 것이 여러 가지 유익이 있고 불편한 자리를 피할 수도 있고 서로 도움이 되기도 한다.

집사가 입원한 환자를 심방할 때는 정상적인 면회시간에 심방하도록 계획해야 한다. 그 심방이 유쾌하고 긍정적이며 간단히 끝나도록 해야 한다. 5분 정도의 심방이 보통 적절하다고 한다. 물론 예외는 얼마든지 있다. 환자에게 그가 앓고 있는 병에 대해 자세히 이야기하지 말아야 한다. 그것은 의사가 할 일이다. 기도로 심방을 끝내도록 한다. 집사가 치유와 격려를 위해 힘쓸 때 하나님께서 역사하고 계심을 믿으라.

(3) 헌금위원으로 봉사

헌금은 예배순서 중 중요한 요소 중의 하나이다. 헌금위원은 예배의 인도자나 기도자와 마찬가지로 예배의 한 순서를 담당하는 중요한 책임을 맡고 있다는 것을 기억하라. 그리고 헌금위원의 직책은 성도들을 대표하여 그 제물을 하나님 앞에 드리는 직분으로 예배 중에서도 가장 엄숙하고 정성스러워야 하는 임무이다. 그러므로 경건한 마음의 자세로 이 일을 감당해야 한다. 헌금위원의 복장은 검소하면서도 깨끗하고 단정해야 한다. 그리고 태도는 경건하면서도 밝은 표정으로 하되 솔선봉사하는 태도를 보여야 한다. 헌금위원은 적어도 예배시간 10분 전까지 입장하여 자기가 맡은 수금 좌석을 확인하고, 각 층마다 지정된 맨 앞자리 위원석에 가운을 입고 앉는다. 헌금시간 찬송 마지막 절을 부를 때 조용히 일어나 일제히 헌금상 앞에 열지어 서서 인도자가 주는 헌금 주머니 번호와 같은 자리에 흩어져 가서 선다. 찬송이 끝나면 헌금 주머니를 돌려 수금한다. 수금이 끝나는 대로 맨 뒤에 가서 선다. 특별헌금 봉투를 정리하여 맨 앞에 있는 위원에게 전해 주면 그는 특별헌금 봉투를 예배인도자에게 드린다. 목사가 봉헌기도를 드린 후 모든 위원은 조용히 자기 자리에 가서 앉는다. 예배가 끝나면 헌금위원은 계수위원이 되어 헌금 계수를 돕는다.

3) 교회의 재정 관리자로서의 집사

집사의 직무 중의 하나가 헌금을 수납하는 일이다. 그러므로 집사는 교회 재정에 대한 바른 정신이 확립되어야 한다.

헌금은 주의 은총에 대한 응답으로 하나님께 드리는 제물이며 신앙의 표현이다. 그리스도인은 하나님의 무한한 은혜에 대한 감사의 마음을 물질로 나타내는 것이 헌금이다. 또한 헌금은 헌신의 표현으로 그리스도인은 교회와 사회에 대하여 어떤 의무를 지니고 있다. 이런 의무를 다하기 위한 실천 행위가 헌금이다. 헌금만이 헌신의 표가 되는 것은 아니지만 헌금은 헌신을 나타내는 데 매우 구체적인 방법 중의 하나이다.

헌금을 수납하는 집사가 헌금에 인색하거나 십일조를 드리지 못하면서 어찌 감히 성도들이 드린 헌금을 수납할 수 있겠는가? 바울은 맡은 자에게 구할 것은 충성이라(고전 4 : 2) 하였으니 교회 헌금을 관리하는 집사는 충성을 다하여야 한다. 가룟 유다는 예수 제자단의 회계로 돈 맡아 자기 유익을 위해 훔쳐낸 불의한 관리자였다(요 12 : 6).

자세한 교회 재정 관리에 대해서는 이 책의 111쪽 “5) 헌금의 관리” 부분을 참조한다.

4) 교회 구제 관리자로서의 집사

구제란 가난하고 병들어 마음과 육체가 약한 자들을 돌보는 일이다. 사도행전 6장을 보면 초대교회의 구제사업에 문제가 있었는데 원망이 생긴 것은 공평하지 않다는 것이다. 그러므로 구제는 공평하여야 한다. 공평과 공정을 주장하지만 저마다 자기를 기준으로 생각할 때 결국 공평을 잃고 불평이 생기게 된다. 초대교회는 원망을 해결하기 위해 사도들이 해오던 구제 분배를 다른 사람에게 분담시켰다. 어떤 일을 혼자서 다 하려고 하면 불평이 나온다. 그러므로 여러 사람의 분담으로 그 불평을 해결하여야 한다.

교회는 세 가지 기능을 갖는다. 첫째는 전도요, 다음은 친교요, 그 다음은 봉사이다. 우리는 우선 순위를 정하여야 한다. 우리는 구제하기 위해 전도를 뒷전으로 미루어서는 안 된다. 전도가 없는 구제가 되어서는 안 된다. 그러므로 교회의 구제는 신앙 안에서 이루어져야 한다.

5. 집사가 받을 상급

집사가 받을 상급은 봉사하는 기쁨을 깨닫는 것이다. 집사는 박수갈채나 트로피나 환호를 추구하지 않고 도리어 하나님의 사람들을 사랑으로 섬길 수 있게 된 것을 아는 것으로 만족해야 한다.

집사직을 받아들인 동기가 무엇인가? 스스로 이름을 내고자 그리했는가? 하나님의 일에 '당신의 흔적을 남겨서' 사람들로부터 갈채를 받는 것이 당신의 목표인가? 아니면 그리스도께서 당신을 구속해 주심을 아는 순전한 기쁨 때문에 부르심에 순종하고 있는가?

영원한 세계만이 충성스러운 집사의 보상이요, 봉사의 크기에 대한 상급을 분명히 보여 줄 것이다. 그래서 바울은 "집사의 직분을 잘한 자들은 아름다운 지위와 그리스도 예수 안에 있는 믿음에 큰 담력을 얻느니라."(딤전 3 : 13)고 하였다.

1) 아름다운 지위를 얻는다

아름다운 지위란 하나는 현실교회에서 더 좋은 지위를 얻는다는 것이요, 다른 하나는 내세교회에서 좋은 지위를 얻는다는 것이다.

집사가 감독을 향한 발판이 된다는 것은 바울 정신에 어긋나는 일이요, 오늘 한국교회의 실정에서도 안수집사가 반드시 장로가 되는 것은 아니다. 그러나 바울이 집사의 직분을 잘한 자들은 아름다운 지위를 얻는다고 한 것은 집사 지위보다 더 크고 좋은 지위를 얻는다고 생각할 수 있다. 왜냐하면 맡은 일에 충성한 자에게 더 크고 많은 일을 맡겨 주시는 것이 예수의 정신이기 때문이다(마 25 : 21).

집사의 직무를 잘하는 자에게 칭찬과 명예와 좋은 지위가 맡겨지는 것이 현실교회의 실정이다.

천사장의 소리와 함께 하늘로 좇아 강림하시는 예수께서 만국을 다스리실 때 주를 위해 충성한 그리스도인들이 예수와 함께 왕노릇 할 수 있는 아름다운 지위를 얻게 된다고 성경은 가르치고 있다(계 20 : 4).

2) 믿음의 담력을 얻는다

집사의 직분을 충실히 감당하면 믿음의 의심은 사라지고 확신을 얻어 담대하게 된다. 집사가 최선을 다해 일하면 그는 양심의 가책을 받지 않고 어디서든지 담대해진다.

베드로와 요한의 담대성에 놀란 제사장과 장로들이 다시는 예수의 이름으로 말하지도 말고 가르치지도 말라고 위협하였다. 그러나 믿음의 큰 담력을 얻은 베드로와 요한은 “하나님 앞에서 너희 말 듣는 것이 하나님의 말씀 듣는 것보다 옳은가 판단하라.”(행 4 : 19) 하였으니 확고부동한 확신이 그들로 하여금 더 큰 담력을 얻게 하였다

집사 스데반은 지혜와 성령으로 말하므로 그들은 스데반을 당해 낼 수 없었다(행 6 : 10). 바울은 믿음의 큰 담력을 얻어 “아무 일에든지 부끄럽지 아니하고 오직 전과 같이 이제도 온전히 담대하여 살든지 죽든

지 내 몸에서 그리스도가 존귀히 되게 하려 하나니"(빌 1 : 20)라고 그의 담대성을 잘 나타냈다. 하나님이 주신 직분을 잘 감당하면 누구나 믿음의 큰 담력을 얻게 된다.

◆ 복 습(질의 응답)

1. 집사직의 기원은 어디서 찾아볼 수 있는가?

 ....

 ....

2. 집사의 성경적 자격은 어디에 기록되었는가?

 ....

 ....

3. 집사에게 주어진 직무가 무엇인가?

 ....

 ....

4. 집사가 받을 상급은 무엇인가?

 ....

 ....

5. 권사직

목　적: 권사직의 내력과 그 임무를 배운다.
목　표: 1. 권사직의 총회결정과 자격 규정을 배우며
2. 권사직의 직무를 학습하고
3. 바람직한 권사는 어떻게 하여야 하는지를 배운다.

진행순서

찬송과 기도로 시작하고, 권사직의 목적과 목표를 청중에게 알려 준다. 한국교회의 특수한 사정으로 세워진 항존직 권사에 대해 토의하여 권사직에 대한 바른 이해가 되어야 한다.

1. 권사직의 내력과 성격

권사(exhorter)는 미국 감리교회에서 쓰기 시작한 말로 공식적인 절차를 거쳐 임명된 평신도 직원 또는 권고자를 가리키는 말이다. 권사는 거의 감리교 초창기부터 있던 직분이다.

권사의 임무는 기회 있는 대로 목사의 지시에 따라 기도회 및 권고회를 갖는 것이며, 또한 모든 지방회와 구역회에 참석하여 문서로 된 보고서를 그 회의에 제출한다(1936년 북감리교 장정 128－129장 참조).

한국 감리교회는 선교 초기에 권사를 견습(見習) 혹은 전도사 등으로 불렀다. 현재는 입교인 15명에 1명씩을 정원으로 하며, 자격은 입교인이 된 지 5년 이상된 자로 연령은 30세 이상이어야 하며, 신앙이 돈독하고 감리교 교리와 장정(章程)을 아는 사람으로 그 자격을 규정하였

다. 권사는 당회(장로회 공동의회)에서 남녀의 구별 없이 택하여 구역회에서 증서를 받는 직분으로 직무는 장로교의 권사와 비슷하다.

한국 장로교회는 초기 평양지방에서 심방과 개인전도, 성경공부와 교회 봉사 등 전도부인의 역할을 하는 여자를 권사라고 불렀다. 그후 교회 헌법에 여교역자를 전도사라는 직명으로 변경하면서 교회 봉사를 충성스럽게 잘 감당하며 지도력이 있는 여집사 중에서 여교역자를 대신하여 봉사할 수 있는 임무를 맡기기 위해 당회에서 임명한 임시직이 권사였다.

한국 장로회총회는 1930년대부터 여성안수 문제가 상정되었으나 허락되지 않다가 1955년 제40회 총회는 여자 장로를 허락하지 않으면서 안수집사와 같은 대우로서 권사제도를 신설할 것을 결의하였다.

선거방법은 안수집사 선거방법에 의해 선거하며 임직하되 안수하지 않는 항존직으로 규정하였다. 항존직은 공동의회에서 선택받고 안수로 임직하는 직임에도 불구하고 권사는 안수 없는 항존직으로 규정한 것은 여성안수 문제를 잠재우기 위한 편법이라는 비난도 있었다.

한국 개신교회에는 교회마다 거의 권사제도가 있다. 감리교회와 같이 남녀를 구별하지 않고 권사를 선택하는 교단도 있고, 그 중에 장로교단에서는 여자만을 권사로 선택하는 교회가 있다. 장로회 중에도 어떤 총회에서는 권사를 임시직으로 규정하고 있으나, 통합측총회는 권사를 안수하는 항존직으로 규정하고 있다.

총회에서 권사를 항존직으로 제정하여 실시하기 시작한 역사가 그리 오래된 것은 아니다. 그러므로 교회도 권사제도를 보호육성할 책임이 있고, 미래의 교회를 위해서도 권사의 좋은 전통이 수립되어야 한다. 그리함으로 하나님의 교회로서 또 하나의 영광스러운 직제가 될 것이다.

2. 권사의 자격

권사의 자격은 다음과 같다(헌법 제2편 제8장 제53조).

첫째, 무흠 세례교인(입교인)으로 5년을 경과한 자이어야 한다.

1955년 40회 총회에서 안수집사와 같은 지위로서 권사제도를 신설한 취지에 따라 세례교인(입교인)으로 5년을 경과하는 것은 안수집사의 자격과 같이 했다.

둘째, 1999년 9월에 개정공포된 헌법에는 권사의 연령을 30세로 정하였고, 권사도 안수할 수 있게 하였다.

그동안에는 권사의 연령을 목사와 장로보다 많은 45세로 정하였었다. 그것은 권사가 교회에서 어머니 같은 역할을 하여야 하며, 때로는 가정을 방문하는 데도 연령이 많은 것이 도움이 되기 때문이었다. 그러므로 권사는 교회의 어머니라는 인상이 짙다. 목사와 장로가 교회에서 아버지와 같은 역할을 한다면 권사는 어머니가 되어야 한다. 어머니에게서 사랑을 느끼듯 권사에게는 사랑의 직책을 감당하는 어머니의 자격이 요구된다.

셋째, 행위가 복음에 적합하고 교인의 모범이 되는 자이어야 한다.

바울은 "오직 너희는 그리스도 복음에 합당하게 생활하라"(빌 1 : 27). "너희가 부르심을 입은 부름에 합당하게 행하라."(엡 4 : 1)고 교훈하였다.

권사는 교회의 항존직을 맡은 자로서 그 직분에 합당한 책임과 임무를 다하는 삶을 살아야 한다. 그리고 교인들에게 그 생활과 말과 행동과 봉사와 신앙의 모범이 되어야 한다.

공동의회에서 권사로 택함을 받으면 교회 헌법이 규정한 대로 당회에서 실시하는 교양을 3개월 이상 받고 시취한 후 당회 주관으로 서약하고 안수하여 임직한다.

3. 권사의 직무

「대한예수교장로회 헌법」은 권사의 직무를 다음과 같이 규정하였다(헌법 제2편 제8장 제52조).

권사는 교회의 택함을 받고 제직회의 회원이 되며, 교역자를 도와 궁핍한 자와 환난당한 교우를 심방하고 위로하며, 교회의 덕을 세우기 위해 힘쓴다.

권사의 직무를 잘 감당하려면 다음과 같은 사항을 명심하고 준수하여야 한다.

1) 교역자를 잘 도와야 한다

권사는 오랫동안 교회에 봉사한 경험이 많은 서리집사 중에서 선택되는 일이 많다. 이러한 위치에 있는 권사가 교역자를 잘 돕지 않으면 어려운 문제가 발생할 가능성이 많다.

겐그레아 교회의 뵈뵈가 바울의 보호자가 된 것처럼(롬 16 : 2) 권사는 교역자의 보호자가 되어야 한다. 보호자가 되었다는 것은 바울이나 그와 함께한 전도단 일행에게 개인적으로 경제적 후원을 했다는 뜻이 있다. 권사가 교역자의 보호자가 된다는 것은 물질적 또는 정신적으로 수행해야 할 엄연한 직무이기도 하다.

2) 심방의 직무를 감당해야 한다

교우 중에 궁핍한 자나 환난당한 형제를 심방하며 위로하는 일은 교역자를 돕는 일인 동시에 권사가 해야 할 직무이다.

"형제들아, 너희를 권면하노니 규모 없는 자들을 권계하며 마음이 약한 자들을 안위하고 힘이 없는 자들을 붙들어 주며 모든 사람을 대하여 오래 참으라."(살전 5 : 14) 하는 교훈이 심방자가 기억해야 할 말씀이다. 그러므로 교회는 권사를 선택할 때 심방을 감당할 만한 자를 선출해야 한다. 심방은 이미 믿는 신자, 그리고 초신자를 방문하여 신앙생활을 지도하며 그들과 성도의 교제를 하는 일이기 때문에 그만한 열심과 신앙, 그리고 신체도 건강해야 한다.

3) 덕(德)이 있어야 한다

권사는 교회 안팎에서 덕을 세우기 위해 힘써야 한다. 덕이란 무엇인가? 인간의 덕은 이성의 판단에 따라서 선한 것을 위하여 하는 행동이라고 한다. 권사가 옳은 일을 위해 힘쓰면 덕이 있다고 칭찬하지만 옳지 않다고 생각되는 일에 힘쓰면 덕이 없다고 할 것이다. 각양 각층의 교인들을 심방하는 권사는 덕이 있는 권사가 되어야 한다. 그러므로 다음 세 가지 점에서 실덕(失德)하지 않도록 주의해야 한다.

(1) 물질적인 가해자가 되지 않도록 조심해야 한다

권사가 교인 가정을 심방하면서 가까워진 것을 기회삼아 돈 거래를 하다보면 덕이 되지 않게 된다. 아무리 약속한 기일에 갚는다고 하지만 만의 하나라도 약속을 지키지 못하면 시비를 듣게 된다. 더구나 기일내에 갚지 못하게 될 경우 권사는 물론 교회가 입는 손상은 이만저만 아니다. 권사는 교인들과의 돈 거래는 특별히 삼가해야 한다.

(2) 인격적인 가해자가 되지 않도록 조심해야 한다

권사가 이집저집 심방하면서 말을 옮겨 교인들 사이에 이간을 붙이거나 이말저말 퍼뜨려 남의 자존심을 손상시키는 것은 인격적으로 손해를 주는 행동이다. 말씨로 그 사람의 인격을 평가할 수 있다. 바울은 "누추함과 어리석은 말이나 희롱의 말이 마땅치 아니하니 돌이켜 감사하는 말을 하라."(엡 5 : 4) 하였고, 야고보는 "우리가 다 실수가 많으니 만일 말에 실수가 없는 자면 곧 온전한 사람이라."(약 3 : 2) 하였다. 권사는 언제나 좋은 말씨, 아름다운 말씨를 써야 주께로 사람을 인도할 수 있다. 좋은 말씨란 남을 칭찬하는 말이요, 아름다운 말씨란 다른 사람의 결점을 덮어 주는 말이다. 칼로 사람을 죽일 수도 있고 죽어 가는 사람을 살릴 수도 있듯이 권사의 말씨는 사람을 살리는 말이 되어야 한다. 심방으로 교회에 봉사하는 권사는 특히 이런 점에 주의하여 교회와 교인들 앞에 덕을 세우려고 노력하여야 한다.

(3) 신앙의 가해자가 되기 쉬우므로 항상 조심해야 한다

최근에 한국교회의 신앙상태는 사이비 종파와 이단에 크게 흔들려 혼란상이 심하다. 기독교 교리가 아닌 교리가 기독교 교리인 듯이 전파되고, 복음이 아닌 다른 복음이 교인들을 현혹시키고 있다. 그러므로 장로교 권사들은 특히 이런 점에서 각별히 조심하여 부덕(不德)을 끼치는 일이 없도록 주의하여야 한다.

입신, 투시, 방언, 환상, 종말론, 환생 등을 예수와 십자가와 성경보다 더 선전하면서 순진한 교인들을 꾀이는 자들은 신앙의 가해자들이다. 그리고 신앙의 가해자는 다른 어떤 가해자보다도 가장 무서운 죄악이라는 것을 명심해야 한다.

예수님은 "너희가 사람의 미혹을 받지 않도록 주의하라. 많은 사람이 내 이름으로 와서 이르되 나는 그리스도라 하여 많은 사람을 미혹케 하리라."(마 24 : 4-5)고 경고하셨다.

4. 바람직한 권사상(像)

장로교회에서 권사를 공동의회에서 선택하고 안수받는 항존직으로 서약하고 임직함으로 다른 여집사들보다 직위상 높은 자리에 있게 되었고 권사 자신도 지도자로서의 자세와 명예를 지니는 직분으로 인식되어 보다 더 충성하게 되었으며, 교인들도 권사에게는 집사들에게 가지는 기대보다 더 큰 기대를 가지게 되었다.

1) 어머니로서의 권사

어머니 없는 가정은 쓸쓸한 사막과 같다. 어머니의 직무를 감당할 권

사가 없는 교회도 광야 같은 곳이다. 당회원인 목사나 장로는 아버지와 같다면 권사는 어머니가 되어야 한다. 어머니에게서 사랑을 맛본다. 그러므로 권사는 교회에서 사랑의 직책을 감당하는 어머니 구실을 해야 된다.

바울은 디모데에게 "과부로 명부에 올릴 자는 나이 육십이 덜 되지 아니하고"(딤전 5 : 9)라고 하였고, 「대한예수교장로회 헌법」에도 권사 자격을 지금은 30세로 하였으나 그동안에는 45세로 규정한 것은 어머니로서 존경받을 만한 나이가 되어야 한다는 것이다.

당회와 집사 사이나 제직과 교인 사이, 그리고 교역자와 교인들 사이에서 어머니로서의 사랑과 화목의 역할은 권사가 감당할 몫이다. 어머니는 가정에서 없어서는 안 될 존재이다. 자녀들이 밖에 있다가 집에 돌아오면서 가장 먼저 찾는 사람이 어머니요, 남편도 집에 오면 아이들의 어머니를 찾는다. 무슨 일에나 어머니의 손길이 필요하고 어떤 때에나 어머니의 수고가 요구된다. 이와 같이 권사는 교인들의 요구에 응해 주는 동시에 어려운 일을 사랑으로 감싸 주고 해결해 주는 어머니가 되어야 한다. 한 교회에 권사가 여러 명 있으면 유년부의 어머니, 성가대의 어머니, 청년회의 어머니로 역할을 분담할 필요도 있다.

2) 봉사자로서의 권사

교회의 제직은 봉사하기 위한 직책이다. 그러나 권사는 보다 더 숨은 봉사자가 되어야 한다. 수고와 봉사를 권사가 많이 해도 대접과 존경은 따르지 않기가 쉽다. 가정에서 어머니가 수고와 봉사를 많이 하지만 칭찬과 대접은 아버지가 독차지하게 되듯, 교회에서도 권사의 숨은 수고와 노력은 많으나 칭찬보다는 원망과 시비의 대상이 되기 쉽다.

권사는 섬기는 일에 천품을 지닌 여성이기에 그 섬김의 영역이 넓기도 하지만 그 영향력도 크고 강하다. 예수의 열두 제자 중에 여자는 한 사람도 없다. 그러나 누가복음에 의하면 "여러 여자가 함께하여 자기들의 소유로 저희를 섬기더라."(눅 8 : 3)는 기록을 보아 예수 당시 여자들이 헌신적인 봉사를 했음을 알 수 있다. 예수의 일행을 도운 여자들의 이름을 보면 지위가 낮은 여자들도 있고, 지위가 높은 귀부인도 있었다. 그러나 화합 단결하여 하나님 나라 확장을 위해 봉사자가 되었다.

지식이 있는 여자는 예수의 언행을 기록했을 것이며, 권세 있는 여자는 예수와 제자단에 방해되는 어려운 문제를 해결하기 위해 교섭도 했을 것이며, 노동자 출신의 여자들은 예수 일행의 의복과 신발들을 씻으며 음식 제공의 한 몫을 담당했을 것이다. 오늘의 권사들도 합심 단결하여 받은 은사와 재능에 따라 교회에 봉사하면 교회는 성장 발전할 것이다.

3) 협력자로서의 권사

권사는 항존직으로 임직식을 거행하면서 교회의 화평과 연합과 성결을 위해 전력하기로 교회 앞에서 서약하였다. 그러나 「대한예수교장로회 헌법」에 의하면 제직회 회원일 따름이다. 그러나 교회의 화평과 연합과 성결을 위해 전력하려면 목사와 장로, 그리고 교인들과 협력자로서의 역할이 있어야 한다.

교회의 한 기관을 맡은 권사라면 그 기관의 사정과 형편을 당회나 제직회에 알려 주기도 하고, 당회나 제직회의 뜻을 그 기관에 알려 주어야 한다. 이 협력이란 세심한 주의와 통찰력이 없이는 어려운 일이다. 그리고 교인 중에 가난한 자, 병든 자, 시험당한 자를 돌아보고 그 사정을 당회에 알리고 위해서 기도해 주어야 한다.

바울은 "주 안에는 남자 없이 여자만 있지 않고 여자 없이 남자만 있지 아니하니라."(고전 11 : 11) 하여 남녀의 동등을 주장하였다. 그리고 바울은 겐그레아 교회의 여자 일꾼 뵈뵈를 로마 교회에 추천하면서 "너희가 주 안에서 성도들의 합당한 예절로 그를 영접하고 무엇이든지 그에게 소용되는 바를 도와 줄지니 이는 그가 여러 사람과 나의 보호자가 되었음이니라."(롬 16 : 2)고 하였다. 뵈뵈는 많은 교인을 도와 주었고, 전도자 바울의 협력자가 되었다. 오늘의 권사도 교인과 교역자에게 협력자의 역할을 잘 감당하여야 한다.

브리스가는 교회를 위해 수고를 많이 한 여자 일꾼이다. 남편 아굴라와 함께 생명의 위협을 무릅쓰고 바울의 목숨을 살려 준 사람이다. 그리고 자기의 집까지 전도의 장소로 제공한 일꾼이다. 브리스가 부부는 몸을 바친 헌신(獻身), 집을 바친 헌가(獻家), 목숨을 바친 헌명(獻命)의 협력자이다(롬 16 : 3-5). 권사는 협력할 줄 아는 일꾼이어야 한다.

4) 전도자로서의 권사

권사는 전도부인의 역할에서 시작된 직분의 유래 때문인지 모르나 권사의 직무 중의 하나는 교역자를 도와 궁핍한 자와 환난당한 교우를 심방하고 위로하는 것이라고 하였다. 그러므로 권사는 전도자의 책임이 있다. 교회 형편과 권사 개인사정에 따라 그 활동 분야가 넓기도 하고 좁기도 할 것이다.

한국의 복음이 일찍부터 안방 문을 열고 들어왔듯이 안방 문을 열고 복음을 전할 사명은 너무나 크고 넓다. 교인의 심방이나 흩어지는 교인들의 방문과 병든 자의 방문 등을 여자 전도사에게만 맡길 일이라고 생각해서는 안 된다. 시대의 발전과 사회생활의 변화로 여전도사에게는 교회교육 문제나 혹은 사회참여 문제들의 좀더 넓고 깊은 영역에서 봉사하게 하고, 교우 심방과 위로하는 일은 권사들이 맡아야 한다.

결혼이나 장례 같은 일상생활 문제를 위해 권사들이 안방 문을 열고 들어가 상담하며 협력하여야 한다. 세상살이와 근심 걱정에 쌓여 있는 교우들은 어머니 같은 권사들이 웃음으로 찾아 주면 새로운 용기를 얻으며, 신앙생활에 의욕이 솟아날 것이다. 아직 세간살이에 익숙하지 않은 신혼부부에게 친정 어머니 같은 심정으로 협력하며 조언을 하면서 복음을 전하면 강단에서 외치는 설교보다 깊은 감화가 될 것이다. 또한 초신자에게 성경의 진리를 친절히 가르쳐 준다면 그의 신앙은 날마다 성장할 것이다.

5) 지도자로서의 권사

권사는 안수 받은 항존직으로 영예로운 직분이다. 그러므로 권사는 집사로서 오랫동안 봉사한 여교우에게 명예로 주어지는 직분도 아니며, 연세가 많은 여자 노인에게 집사라고 부르기보다 권사라고 부르기가 좋다고 권사로 임직한다면 이는 권사직에 대한 모독이다. 그러므로 권사직은 명예이거나 대접으로 부르는 직명으로 격하시켜서는 안 된다. 그리스도 안에서 굳은 확신과 소명에 투철하여 주님과 함께 교회를 위해 일할 일꾼으로 권사를 세워야 한다. 그러기 위해서는 지성과 교양이 풍부하고 진리의 깨달음과 신앙의 체험이 많은 여자를 권사로 선택해야 한다. 권사는 늙은 할머니라는 인상이 없도록 어딘가 지성적이면서도 교양이 있는 인격을 가져야 한다. 이렇게 하면 교회의 지도자의 자세를 갖추어 나갈 것이다.

예수께서 수난 직전에 베다니 마리아의 행위를 보시고 "온 천하에 어디서든지 복음이 전파되는 곳에는 이 여자의 행한 일도 말하여 저를 기념하리라."(막 14 : 9) 하신 것처럼 칭찬을 받는 권사가 되어야 할 것이다.

◆ 복 습(질의 응답)

1. 권사직의 내력은 무엇인가?

....

....

2. 헌법이 정한 권사의 자격은 무엇인가?

....

....

3. 권사의 직무가 무엇인가?

....

....

4. 바람직한 권사상을 토의해 보자.

① ....

② ....

③ ....

④ ....

⑤ ....

6. 당 회

목 적 : 장로교의 치리회인 당회가 어떻게 조직되는지와 당회의 직무를 배운다.
목 표 : 1. 당회의 조직과 당회장의 임무는 무엇인지 배우며
2. 당회의 성수를 배우며
3. 당회의 직무를 살펴보며
4. 당회의 운영 실제를 익힌다.

진행순서

찬송과 기도로 시작하고, 오늘의 목표를 청중에게 알려 준다.
강의가 끝난 후에 토의할 문제나 각 교회에 당면한 문제를 의논할 수 있는 시간을 가져야 한다.

교회는 예수 그리스도를 머리로 한 몸이요, 성도는 그 지체로 교회와 성도들을 다스리는 정치, 즉 치리(治理)가 필요하게 된다. 교회 치리에는 명백히 제정된 정치의 조문과 조직이 있어야 하고, 정당한 사리와 성경교훈에 어긋나지 않아야 한다.

장로회 치리회는 당회, 노회, 총회 셋으로 구분한다. 모든 치리회는 목사와 장로로 조직되기 때문에 그 어느 치리회도 원칙적으로 그 권한이 동등하다. 그러나 각급 치리회의 고유 권한은 다른 치리회가 침범할 수도 없고 침해를 당해도 안 된다.

1. 당회의 조직

당회는 지교회에서 시무하는 목사, 부목사, 장로로 조직한다. 당회

조직에는 반드시 다음의 세 가지 요건을 갖추어야 한다.

1) 세례교인 30명 이상이 있어야 한다

세례교인 30명 이상을 당회 조직의 요건으로 삼은 이유는 당회장인 목사의 치리권을 견제할 만한 동등한 치리권은 최소한 기본권자 30명 이상이어야 한다는 것이다.

2) 세례교인을 대표하는 장로가 있어야 한다

장로를 당회 조직의 요건으로 규정한 이유는 무엇인가? 당회장인 목사의 치리권은 노회의 위임으로 행사하게 된다. 그러므로 목사가 당회장으로 시무하는 동안에는 본 교회나 본 당회 치리권 아래 있지 않기 때문에 설혹 당회장의 잘못과 허물이 있을지라도 노회가 관할하게 되어 있다.

3) 당회장이 있어야 한다

여기서 당회장이란 반드시 시무목사만을 가리키는 것이 아니라 노회가 당회장으로 파송한 목사도 포함된다. 교인의 기본권을 대표하는 장로들의 치리권과 상호 견제하는 성직권, 즉 가르치는 권세와 다스리는 권세를 겸한 목사가 있어야 한다는 것이다.

당회장이 유고시 혹은 특별한 경우에 임시 당회장이나 대리 당회장(헌법 제2편 제10장 제66조 2, 3항 참조)이 당회 일을 처리하는 것같이 당회에 장로가 결원되거나 특별한 사정이 있을 때 다른 교회 장로를 당회원으로 참석시킬 수 있지 않을까 생각할 수 있다. 결론부터 말하면 그것은 부당하다고 할 수밖에 없다. 그 이유는 장로는 그 지교회에서 신임 투표받아 그 교인의 대표자가 되었으므로 다른 교인의 대표가 그 교인의 대표가 될 수 없기 때문이다. 그러면 목사의 경우에 있어서 왜 다른 교회 시무목사가 당회장이 될 수 있는가 하고 의구심을 갖게 될 것이다. 목사는 지교회에 소속되지 않고 노회에 소속되었으므로 그 노회에 소속된 당회에 당회장으로 파송될 수 있는 것이고, 노회가 다른 목사는 당회장이 될 수 없다.

2. 당회의 성수

당회의 성수(成數)는 다음의 요건을 갖추어야 한다.

· 당회장이 참석해야 한다.

· 당회장을 포함한 당회원 과반수의 출석이 있어야 한다.

당회장이 참석하지 못한 경우에 노회가 파송하지 않은 임시 당회장이나 대리 당회장은 당회원 성수에 포함되지 않는다. 당회 개회 성수에는 당회장과 당회원인 장로를 합한 전 당회원의 과반수가 출석해야 개회할 수 있다.

3. 당회장

교회의 기본 치리회인 당회 회의에는 원칙적으로 회의를 주재하는 목사가 있어야 한다. 이것은 회의 진행상 지도자를 필요로 하는 것이요, 회의의 질서와 유익을 위한 합리적인 규례요 제도이다.

장로교회는 의회제도의 교회이므로 목사와 장로가 모여 치리회를 구성하고, 거기서 입법, 행정, 사법권을 행사하는 데 의장이 있어야 함은 두 말할 여지가 없다.

1) 당회장은 지교회 시무목사가 된다

당회장은 지교회 시무목사, 즉 위임목사나 임시목사가 당연직으로 된다.

2) 임시 당회장은 당회장이 결원되었을 때 노회가 이를 파송한다

임시 당회장은 무엇이고, 당회장과 임시 당회장의 차이는 무엇인가? 임시 당회장은 지교회 시무목사가 결원되었을 때 노회가 임시로 파송한 당회장이다.

당회장과 임시 당회장의 차이는 다음과 같다.

· 당회장은 지교회를 시무하는 목사(위임목사, 임시목사)이다.
· 임시 당회장은 그 교회를 담임하여 시무하는 목사가 아니라 다른 교회를 시무하는 목사이다.
· 임시 당회장은 지교회 시무목사가 청빙되어 노회에 수속하여 시무목사로 허락할 때까지 당회장직을 맡은 목사이다.

3) 대리 당회장은 당회장이 유고할 때 또는 기타 사정이 있을 때 당회장이 위임한 자, 또는 당회원이 합의하여 청한 자로 당회장직을 대리케 할 수 있다. 대리 당회장은 결의권이 없다(헌법 제2편 제10장 제66조 3항).

대리 당회장은 누구인가? 당회장이 신병이 있거나 외국에 출타 중이거나 그 밖에 부득이한 사정으로 당회장직을 수행할 수 없을 때나 또는 당회장 본인에 대한 안건을 처리할 때 본 노회 목사에게 당회장권을 맡기는 것을 대리 당회장이라고 한다.

임시 당회장은 당회장이 없는 경우이고, 대리 당회장은 당회장이 있는 경우이다. 대리 당회장은 노회에서 맡기는 것이 아니라 다음과 같은 경우에 맡기는 당회장이다.

(1) 당회장이 다른 목사에게 맡기는 경우이다.
(2) 당회원이 합의하여 맡기는 경우이다.

첫째 경우는 당회장의 직원으로 당회장직을 대리케 하는 것이다.
둘째 경우는 대리당회장을 정하지 않았을 때 당회원의 합의로 당회장을 대리할 자를 청하는 경우이다.
대리당회장은 당회원 성수에 포함되지 않고 결의권이 없다.

4) 미조직 교회의 당회권은 치리장이 행사한다

미조직 교회란 당회가 조직되지 않은 교회이다. 미조직 교회에도 당회로서 처리하여야 할 일이 있으므로 당회권을 당회장에게 맡겨 행사케 한다. 시무목사가 없는 미조직 교회에는 노회에서 당회장을 파송한다. 당회는 조직되지 않았으나 치리하는 일은 멈출 수 없기 때문이다(헌법 제2편 제10장 제66조 4항).

미조직 교회는 성직권을 견제할 교인의 대표인 장로가 없으므로 미조직 교회의 시무목사는 3년마다 계속 시무 청원을 하게 하였다.

5) 대리 당회장 및 미조직 교회의 당회장은 은퇴목사에게도 이를 맡길 수 있다

정년이 되어 퇴임한 은퇴목사에게 맡길 수 있다면 원로목사, 공로목사, 무임목사에게도 대리 당회장이나 치리장은 맡길 수 있다고 본다.

4. 당회의 직무

당회는 지교회를 다스리는 지교회의 최고 치리기관으로 입법, 행정, 사법의 기구로서 지교회의 업무를 구체적으로 집행한다. 입법, 행정, 사법의 세 기능을 지니고 있지만 당회의 주요 직무는 행정에 관한 업무가 대부분이다.

당회의 직무를 다음과 같이 여덟 가지로 구분한다(헌법 제2편 제10장 제67조).

(1) 당회는 교인의 신앙과 행위를 통찰하며 학습, 세례, 입교할 자를 문답하며 세례식과 성찬식을 관장한다.

(2) 당회는 교인의 이명증서(세례, 입교, 유아세례)를 교부하며 접수한다. 이명증서를 접수한 때는 즉시 발송한 당회에 접수 통지를 해야 한다.

(3) 당회는 예배를 주관하고 소속기관과 단체를 감독하고 신령적 유

익을 도모한다.

(4) 당회는 장로, 집사, 권사를 임직한다.

장로, 집사, 권사는 공동의회에서 선거하여 임직하는데, 장로는 당회가 노회에 장로 선거를 청원하여 허락을 얻어 공동의회에서 선거한다. 공동의회를 소집할 권한은 당회에 있으므로 교회 직원 선거의 책임은 당회에 있다.

(5) 당회는 각종 헌금을 수집할 방안을 협의하여 실시케 하며, 재정을 감독한다.

(6) 당회는 노회에 파송할 총대 장로를 선정하고, 교회 상황을 보고하며, 청원건을 제출한다.

(7) 당회는 범죄한 자를 소환 심문하고, 증인의 증언을 청취하며, 범죄한 증거가 명백할 때는 권징한다.

(8) 당회는 지교회의 토지, 가옥 등 부동산을 관리한다.

5. 당회의 회집

당회는 다음의 경우 당회장이 소집하되 연 1차 이상을 회집하여야 한다.

(1) 당회장이 당회를 소집할 필요가 있을 때

(2) 당회원 반수 이상이 당회 소집을 요구할 때

(3) 상회가 당회 소집을 지시할 때

6. 당회 운영의 실제

당회가 교인들 위에 군림하면 교인들의 다양한 의사를 반영할 수 없다. 그러므로 당회는 민주적으로 운영되어야 한다. 「대한예수교장로회 헌법」은 치리권은 다른 직무와 달리 목사만의 권리가 아니라 장로와 협력하여 행사하도록 규정하고 있다. 목사와 장로가 협력하여 치리권을 행사할 때 인간의 과오를 미연에 방지할 수 있기 때문이다. 협력이란 민주적인 의사 결정이다(헌법 제2편 제5장 제26조, 제6장 제39조).

당회의 직무 중 인사 행정은 교회가 가지는 근본원리를 잘 표용하여 조화로운 인사 행정을 하여야 한다. 인사 행정의 근본원리는 첫째, 신앙적인 인사 행정이어야 하며 둘째, 능률을 극대화하기 위한 행정이어야 하며 셋째, 교회는 자발적인 봉사기관인만큼 각자의 역할에 충실할 수 있는 행정이어야 한다. 교회의 인사 행정은 교회법에 위배되지 않아야 한다.

당회 운영의 문제점은 당회원의 비전문성에 그 원인이 있다. 당회의 구성원인 장로는 대체로 신앙연조가 깊고 연세가 많은 분들이기에 교회 안의 일반적인 행정이나 치리 등에 있어서 아주 능숙하다고 할 수 있다. 그러나 급변하는 사회 상황에서 전문지식이 부족함으로 인해 전문분야에 관한 정책을 결정하려고 할 때 많은 문제점이 야기되고 있다. 그리고 그 결정과정에서 개인적인 이해관계가 개입되거나 원리에 따르기보다 개인의 자존심과 가정이 개입되면 더욱 어려운 문제로 비화되기 쉽다. 그러므로 전문지식을 가진 교인의 의견을 청취하거나 또는 당회를 방청할 수 있도록 문호를 개방하여야 한다. 장로회는 치리회가 셋 있는데 당회, 노회, 총회이다. 노회나 총회는 방청할 수 있는데 당회는 방청할 수 없는 이유는 무엇인가?

당회의 문제는 당회원의 영성 부족에 그 근본원인이 있다. 당회는 정치와 행정적인 기능에 있어서 장로들이 목사의 목회사역에 협력하고 있다. 그러므로 장로의 기능 중에 영적 기능과 영적 사역이 중요시된다. 그러나 오늘날 교회에서 장로의 신령적 사역이 충분하다고 할 수 있겠는가?

교회의 영적 수준은 그 교회 당회원의 영적 수준 이상이 될 수 없다고 한다. 당회원들의 영적인 면이 강화될 때 일반적인 정치와 교회 행정도

원활하게 이루어질 수 있다. 당회의 직무는 거의 교회 목회에 관한 임무이므로 당회장의 의견을 먼저 존중히 여기는 자세가 되어야 한다.

◆ 복 습(질의 응답)

1. 당회 조직에 있어 세 가지 요건은 무엇인가?

 ....

2. 당회의 성수는 어떻게 이루어지는가?

 ....

3. 당회장이 목사이어야 하는 이유는 무엇인가?

 ....

4. 대리 당회장과 임시 당회장의 차이를 설명해 보자.

 ① 대리 당회장 ....

 ② 임시 당회장 ....

5. 당회의 직무 여덟 가지 중 몇 가지나 쓸 수 있는가?

 ....

 ....

 ....

6. 당회의 소집은 어떻게 할 수 있는가?

 ....

7. 당회 운영은 어떻게 하는 것이 이상적인가?

 ....

8. 당회에 대한 의견을 제안하고 토의하자.

 ....

7. 제직회

목 적 : 제직회의 조직과 제직회의 사항을 배운다.
목 표 : 1. 제직회의 의의를 배우며
2. 제직회의 조직과 회원의 의무를 배우며
3. 제직회 결의사항을 배우며
4. 회의법에 대해 배우며 회의법을 제직회 때 실습해 본다.

진행순서

찬송과 기도로 시작하고, 제직회의 중요성과 재정관리가 무엇인지를 깊이 인식시켜야 한다.

강의가 끝난 후 우리 교회 제직회 운영이 잘되고 있는지를 살펴야 한다.

교회는 교회의 목적을 효율적으로 달성하기 위해, 그리고 교회가 가진 인적, 물적 자원을 효율적으로 활용하기 위해 여러 가지 조직을 갖는다. 교회의 조직을 네 가지 형태로 구분하면 (1) 결의기관, (2) 자치기관, (3) 교육기관, (4) 협력기관 또는 보조기관 등이 있다. 결의기관으로 공동의회, 당회, 제직회 등이 있고, 자치기관으로는 남선교회, 여선교회, 청년회, 대학생회 등이 있다. 교육기관에는 유치부, 유년부, 소년부, 초등부, 중등부, 고등부 등 교회학교와 대학부, 청년부 등이 있다. 협력기관으로는 장학위원회, 건축위원회, 예산위원회 등이 있는데 보조기관이라고도 한다.

교회의 조직은 유기체적인 구조로서 서로 의지하며 협력할 때 교회의 목적을 효율적으로 달성할 수 있다. 제직이 여러 가지 교회기관에서 봉사할 수 있으나 직접적인 관계를 가지고 봉사할 의무와 권리를 가진 조직은 제직회이다.

1. 제직회의 의의

교회의 조직체 중 어느 하나 중요하지 않은 것이 없겠으나 그 중에서도 제직회의 역할은 매우 크고 중요하다. 왜냐하면 제직회는 교회의 모든 직원의 집합체이기 때문이다. 제직회가 모든 직원의 집합체라는 성격은 그 구성에서부터 잘 나타나는데 제직회는 목사, 부목사, 장로, 집사, 권사, 서리집사, 전도사로 조직되어 있다. 그리고 그 회원들 중에는 당회, 교회학교, 성가대, 남선교회, 여전도회, 청년회 등에서 관계하는 직원들이기 때문이다. 어떤 의미에서 제직회는 교회 모든 기관을 망라한 기관으로 당회가 정책을 수립하는 기관이라면, 제직회는 그 정책을 실천하는 기관이다.

2. 제직회의 조직

1) 제직회 회원

제직회 회원은 시무목사, 장로, 집사, 권사, 전도사, 서리집사로 한다.

전(前) 헌법에 제직회는 항존직으로 조직하고, 당회는 각각 형편에 따라 제직회 사무를 처리하기 위하여 임시직에도 제직회원 권리를 줄 수 있다(1934년 헌법 제7장 제1조 참조)고 하였다.

현행 헌법에는 항존직과 임시직이 다 제직회원이 된다. 그러므로 시무목사, 장로, 집사, 권사, 전도사, 서리집사는 제직회 회원이다. 그래서 목사와 장로는 당회원이면서도 제직회원이므로 이중적 책임이 있다.

2) 제직회 임원

제직회 회장은 당회장이 예겸하고, 서기와 회계는 회에서 선정하며 필요에 따라 부서를 둘 수 있다. 선정방법은 회에서 결의로 선정할 수 있고, 또는 당회에 위임하여 선정할 수도 있다.

회장은 회의를 소집하고 주재하며 회를 대표하고, 부회장은 회장을 보좌하며 회장이 유고할 때는 그 직무를 대행한다. 서기는 회원 점명과 회의록을 작성하며, 각종 서류를 정리 보관하고, 부서기는 서기를 보좌한다. 회계는 교회재정을 관리하여 매달 한 번씩 제직회에서 회계 현황을 보고하고, 부회계는 회계를 보좌한다. 어떤 교회는 출납회계, 기장회계를 각각 따로 두기도 한다.

감사는 교회재정을 감사할 책임이 있는데 교회회계 감사의 목적은 회계의 신뢰성을 높이고, 교회재정에 대하여 올바른 판단을 할 수 있도록 함에 있다. 그러므로 감사는 1년에 몇 차례, 혹은 연말에 한 번씩 교회형편에 따라 교회재정을 감사해야 한다. 제직회 재정만 아니라 교회 각 기관 및 단체의 회계도 감사하여 공동의회에 보고해야 한다.

제직회는 필요에 따라 부서를 둘 수 있는데 각 부의 부장과 부원 선정은 전교회 사업에 있어 성패를 좌우하기 때문에 적재적소의 인물을 선정해야 한다.

3) 회원의 의무

조직체의 일원이 되었으면 조직원으로서 지켜야 할 기본적 의무가 있는데 교회의 조직체인 제직회의 회원은 반드시 지켜야 할 네 가지 기본적인 의무와 의식이 있다.

제직회 회원이 가져야 할 기본적인 의무는 (1) 모여서 의논하고, (2) 토론하고, (3) 결의하고, (4) 실행한 것을 책임진다고 할 수 있다. 그리고 제직회 회원은 분명한 의식이 있어야 하는데 그 세 가지 의식이란 (1) 소명의식이요, (2) 책임의식이요, (3) 증인의식이다.

당회와 제직회와의 업무 한계가 때로는 모호하여 서로 상충되게 느껴질 수 있다. 그러나 당회가 교회의 목적과 정책을 의결하는 치리기관이라면, 제직회는 당회가 결정한 목적과 정책을 실행하는 봉사기관이다.

3. 제직회의 소집

제직회 소집은 다음과 같이 제직 회장인 목사가 한다.

(1) 회장이 제직회 소집의 필요를 인정할 때

(2) 교회 제직 3분의 1의 요청이 있을 때

제직회 소집은 회장이 필요하다고 인정할 때와 교회 제직 3분의 1의 요청이 있을 때 회장이 소집하는데, 한국교회에서는 제직회를 매달 한 번씩 모이는 경우가 많다. 매달 모이는 정기 제직회 외에도 필요하다고 인정될 때는 회장이 임시회를 소집할 수 있다.

제직회는 다음과 같은 순서로 진행하는 것이 통례이다.

(1) 경건회(찬송, 기도)/회장

(2) 회원점명/서기

(3) 개회선언/회장

(4) 전 회의록낭독/서기

(5) 회계보고/회계

(6) 각부보고/각 부장

(7) 특별위원보고/특별위원장

(8) 목회보고/교역자

(9) 새 사건(제안자의 설명 듣고 심의 결정)

(10) 광고/회장

(11) 폐회/기도 후 폐회

제직회원을 각 부서별로 착석케 하고, 각 부장이 출석을 점검하여 서기에게 보고하면 서기의 회원점명을 생략할 수 있다.

4. 제직회 개회 성수

제직회 개회 성수는 두 가지 요건이 있다. 첫째, 일주일 전에 광고해야 하는데 공동의회와 같이 안건은 제시하지 않아도 무방하다. 둘째, 광고한 후에는 회원이 출석한 대로 개회한다. 본래는 제직회원 출석이 과반수가 되어야 개회 성수였는데 교회마다 1부, 2부 예배를 드려 제직회 때 개회 성수가 되지 않는 경우가 많기 때문에 현재와 같이 제직회 개회 성수를 개정하였다.

현재의 제도에는 열심 있는 제직회원들만 회집하여 교회 일을 의논하고 결정하고, 대부분의 제직은 교회 일에 방관자가 되므로 제직회 결의가 교회 의사의 반영이라고 할 수 없는 경우가 있다. 그러므로 제직회 운영을 잘하여야 한다.

5. 제직회 결의사항

1) 공동의회에서 결정한 예산집행

제직회가 처리할 수 있는 재정이란 공동의회에서 채택된 예산 범위 안에서 집행하는 것으로 예산집행자는 예산의 목적 및 관련 제규정을 준수하고, 예산과 실적을 분석하여 목적 달성에 최선을 다하여야 한다.

예산집행이란 지출 예산을 사용함에 있어 교회 집행 책임자에게 집행할 것을 품의하여 결정을 볼 때부터 지출원인 행위를 거쳐 실제로 현금을 지급하는 행위까지를 말한다.

교회의 활동이 예산대로 적절히 집행되었나 주의를 기울여야 하고, 예산 차이를 분석하여 각 부문별로 예산집행상의 책임을 명확히 하여야 한다.

예산집행의 흐름을 도표로 그리면 다음과 같다.

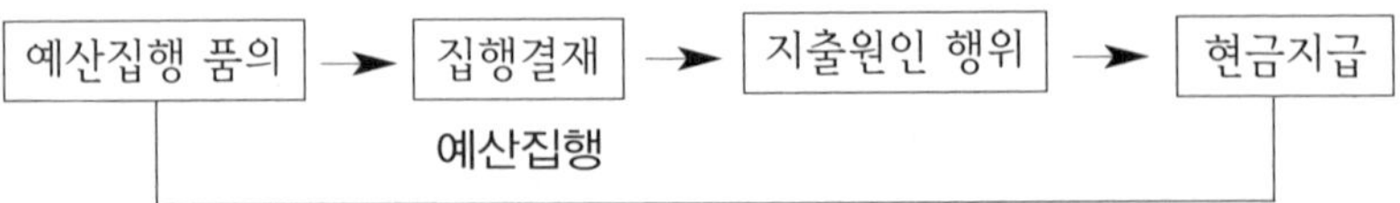

2) 재정에 관한 일반 수지 예산 및 결산

제직회는 교회 재정에 관한 일반 수지 예산 및 결산에 관한 사항을 관리한다.

(1) 예산(豫算)에 대하여

교회는 예산을 편성함에 있어서 모든 수입과 지출을 총액으로 나타내며 서로 상계하여서는 안 된다. 상계하게 되면 사업목적, 사업내용, 예산규모를 실제대로 나타낼 수 없기 때문이다.

당회의 목회방향이 확정되고 교회예산 요령이 정해지면 예산위원회는 각 부서에서 제출된 예산 요구서를 정리 조정하여 예산안을 초안하고, 신 회계년도 개시 전 전년 11월말까지 제직회의 결의를 거쳐 공동의회에서 12월 21일까지 자금 수지 예산서를 확정 결의하여 다음 회계년도의 사업계획의 준비를 마치게 한다.

예산편성 후에 교회 재정, 환경의 변화, 기타 부득이한 사유로 인하여 본 예산의 변경을 하지 않으면 안 될 경우가 생긴다. 이런 경우 재정면에서 경영이 중단되지 아니하도록 추가예산과 경정예산을 인정할 수 있다.

(2) 결산(決算)에 대하여

결산이란 일정 기간의 교회의 여러 활동의 경위와 결과를 계수적으로 분명히 하기 위하여 수지의 경과를 정리하고, 또 일정 시점의 재산관계의 현황을 분명히 하기 위해서 이른바 마감하는 회계수속을 말한다.

제직회는 1년 예산에 의해 집행한 결산서를 증빙서류와 함께 공동의회에 제출하고 보고하여야 하는데, 이때 교회 회계와 그 업무는 공인적인 성격이 강하기 때문에 공정한 감사를 실시한 후에 보고되어야 한다.

(3) 구제비의 수입, 지출 및 특별헌금 취급

구제비의 수입, 지출 및 특별헌금 취급은 제직회의 고유한 소관 사항이다. 제직회는 가난한 자들을 구제하기 위한 집사들의 의회로 시작되었기 때문이다. 웨스트민스터 교회 정치 원본에는 "집사의 존재 이유로서 가난한 자들에게 필요한 것을 분배하는 데 특별히 봉사한다."라고 되어 있다.

(4) 기타 중요사항

제직회는 교회 재정을 출납할 권리와 의무가 있다. 그러나 제직회의 의결 없이 교회 재정을 취급할 수 없다.

당회 직무에 "재정을 감독한다(헌법 제2편 제10장 제67조 5항 참조)는 규정에 의해 교회 예산 편성권이 당회에 있는 것으로 오해하는 이가 있으나 재정에 관한 수지 예산 및 결산은 제직회의 결의사항이라고 규정되어 있다"(헌법 제2편 제13장 제89조 5항 참조).

공동의회에서 통과된 예산항목에 없는 지출은 당회의 제의와 제직회의 결의에 의하여 지출한다.

6. 제직회 운영의 실제

제직회는 교회의 핵심 기관으로 그 운영을 어떻게 하느냐에 따라 교회의 목적 달성과 관계가 깊다. 그러므로 교회 계획의 만족할 만한 성취는 제직회 운영에 달렸다고 해도 지나친 말이 아니다. 이렇게 비중이 큰 제직회가 생동하는 제직회가 되려면 제직회원 각자가 제직회를 합리적으로 이끌어 나가야 한다.

제직회 운영에는 세 가지 형태가 있다.

(1) 본회 중심의 운영으로 모든 의안을 전체 회의에 제안하고, 심의하고, 토론하고, 결의하는 방식이다. 그리고 특별한 심의나 연구가 필요한 때만 그 안건을 해당 부서에 맡겨 심의 연구케 한다.

(2) 부회 또는 위원회 중심의 운영으로 모든 안건은 각 부서 또는 위원회에서 발의되고, 그 부서에서 토의하고, 그리고 의결을 거쳐 전체 회의에 보고하면 전체 회의에서는 조력과 조정을 통해 부서의 결의안을 채택하여 공동책임을 지는 방식이다.

(3) 본회의와 부서회의 절충식으로 모든 안건은 본회의에서 발의하고, 그 발의된 안건은 반드시 해당부서에 회부되어 부회의에서 심의 연구 토론되고 의결된 후, 다시 본회의에 보고되어 다시 토론 조정을 거쳐 의결하는 방식이다.

어떤 방식으로 제직회를 운영함이 좋은가는 그 교회의 실정에 따라 선택하겠지만 가장 합리적이고 효율적인 제직의 운영방식은 절충식이라고 생각된다.

제직회 운영의 대략 세 가지 형태 중에 필자는 본회의 중심으로 제직회를 운영하였다. 매달 첫 주일 예배 후 정기적으로 제직회가 소집되었다. 회원들은 정한 장소에 부서별로 자리가 정해져 있다. 회장은 찬송가를 합창한 후 가급적 먼 곳에서 출석하는 회원으로 하여금 기도케 한다. 회원 출석은 각부 부장이 각자 부서의 회원을 보고케 한 후 개회를 선언한다. 회원 호명하는 시간이 절약된다. 서기가 전 회의록을 낭독하고 회계가 유인물로 지난 달의 교회 재정 상황을 보고한다. 6월에는 교회의 6개월 간의 재정 상황과 1년 예산을 대조 · 보고케 한다. 그리고 11월에는 11개월의 재정과 예산을 비교 · 보고케 하여 내년도 예산에 대한 관심을 갖도록 하였다.

각 부의 보고는 유인물로 하되 이미 실행된 일의 보고와 더불어 앞으로의 계획도 이때 보고케 한다. 각부보고는 받되 각부계획은 새 안건 심의 때 의결한다. 모든 안건은 법대로 질서 있고 공정하게 처리하여 교회에 대한 신뢰감과 애착심을 가지고 교회를 섬기며 열심을 내어 참가하도록 운영되어야 한다.

당회나 제직회 때 폐회기도는 회장이 맡는다. 그 이유는 당회나 제직회에서 결정된 안건은 하나님의 뜻이므로 그 결정에 순종하려는 마음 가짐을 다짐하는 뜻에서 회장이 기도한다. 제직회 서기와 회계, 그리고 각부 부장과 부원 선택은 제직회로부터 당회가 위임받아 심사숙고하여 선택한 후에 제직회에서 인준받는 것이 바람직하다. 그리고 각 부원은 각 부장의 추천으로 선정하는 것도 좋은 방법이다.

제직회는 주로 교회 재정과 관련되는 일이므로 재정 취급을 합리적으로 하여야 한다. 교회의 예산은 교회 목표의 반영이요, 또한 교회가 세운 목표와 사업계획을 어떻게 달성할 것인가에 대한 설명이다. 그러므로 목회자는 10월경에 목회계획과 교회 사업계획과 각 부서에서 제출된 예산 청구서들을 종합 · 검토하여 예산위원회에 제출하여야 한다.

예산위원회는 가급적 각 단체나 교회 안의 각급 대표들이 참여할 수 있도록 11월초에 조직되어야 한다. 예산위원회는 합리적인 예산, 즉 무리가 없는 예산, 그리고 목회계획을 성공적으로 수행할 수 있는 생동력이 있는 예산을 수립하여야 한다. 예산위원회가 작성한 예산안이 제직회와 공동의회에서 통과되면 제직회는 그 예산안을 집행할 임무가 있다. 목회 경험에 의하면 무리가 없는 예산이 목회자와 교회 모두에게 바람직하다고 생각된다.

7. 제직회 회의법

제직회 회원으로서 교회에 봉사하는 일이 피차 즐겁고 유쾌한 일이 되어지기 위해서는 제직이 회의법을 알고 이를 준수해야 한다.

1) 회의법이 왜 필요한가?

회의법은 회의를 질서 있게 진행하기 위하여 생긴 것이다. 회의법이 없다면 회의를 원만하게, 그리고 여러 의견을 종합할 수가 없다. 그러므로 회의법 없이 진행하는 회의는 회의라고 할 수 없다. 회의법에는 세 가지 목적이 있다.

첫째, 회의법은 예의를 지키기 위해 필요하다. 무슨 일을 토의할 때에 자기 주장만 내세우지 못하고, 다른 사람의 의견을 존중할 수밖에 없도록 예의를 지키도록 회의법이 되어 있다.

둘째, 회의법은 질서를 유지하기 위해 필요하다. 회원들로 하여금 함부로 말을 못하게 하고, 회원 각자가 서로의 권리를 보호할 수밖에 없도록 질서를 유지하게 회의법이 되어 있다.

셋째, 회의법은 절차를 따르기 위해 필요하다. 회의의 사무 처리를 원만하고 신속하게 하자면 무엇을 먼저 하고 무엇을 나중에 하도록 질서를 따르게 회의법은 되어 있다.

회의법은 다수의 결정권, 소수의 발언권, 결석자의 안전권을 보장하는 데 그 기초를 두었다. 그러나 언제나 회의법의 규정보다 그 원칙을 생각하여야 한다. 법은 원칙을 살리기 위하여 있는 것이다. 회의법의 목적은 악용(惡用)에 있지 않고 선용(善用)에 있다. 그러므로 옳지 못한 다수결은 분명히 악용이다. 다수는 반대하는 소수의 의견을 존중하여 그들의 언권을 짓밟지 말아야 하고, 결석자를 무시하지 않아야 하고, 그들의 권리를 옹호하도록 주의하여야 한다. 회의법은 회의의 예의, 질서, 절차를 위하여 있다는 것을 제직회 회원들은 늘 염두에 두어야 한다.

2) 회원의 발언

한 회원이 너무 발언을 많이 하거나 발언을 전혀 안 하는 것은 회의의 진행을 위해서 둘 다 좋은 현상이 아니므로 발언은 다음과 같이 해야 한다.

(1) 발언을 하고자 하는 회원은 먼저 회장에게 언권을 얻은 다음에 일어서서 발언한다.

(2) 발언은 자기 의사를 표시하기 위한 것이므로 분명히 하되 부드럽게 한다.

(3) 다른 회원의 발언이 계속될 경우에는 끝나기를 기다려야 하고, 남의 발언 도중에 내가 일어나서 발언을 가로채는 것은 회의 질서를 문란케 하는 실례가 된다.

(4) 한 회원이 한 사건에 대해서 세 번 이상 발언을 계속하지 않도록 해야 한다.

(5) 발언은 간단명료하게 하며, 장광설을 늘어놓아서는 안 된다.

(6) 나의 의견과 다르다고 해서 공석상에서 상대방을 공격하거나 인격적으로 손상을 입히는 발언을 하는 것은 회의법에 크게 어긋나는 것이다.

(7) 발언은 기도와 깊은 생각 끝에 해야 하며, 즉흥적인 발언으로 회의의 체면을 손상시키지 않도록 해야 한다.

(8) 그리스도인은 예배뿐 아니라 회의까지도 하나님의 임재를 의식할 수 있는 분위기에서 진행해야 하고, 혈기와 고성으로 험담을 퍼부어 장내를 어지럽게 만드는 것은 실제적인 무신론자의 행위로서 크게 규탄받을 것이다.

(9) 회장은 회를 대표하는 자이므로 존경하고 순종함이 마땅하고, 회장을 회장석에 세워 놓고 함부로 공격하고 모욕하는 것은 무지한 자나 하는 행동이다.

(10)불필요할 때 불필요한 말을 하는 것은 삼가해야 하지만 필요한 때 필요한 발언을 하는 것은 회피하지 말아야 한다. 그것은 회원으로서의 정당한 권리이며 의무이기 때문이다. 회의석에서는 함구하고 있다가 다 결정된 다음에 뒤로 다니며 이의와 불평을 말하는 것은 아주 용렬한 행동이다.

3) 표결의 절차

회의에 있어서 모든 결정은 심의 끝에 다수결로 채택하며, 회원은 물론 회장이라도 한 사람의 독단은 용납되지 않는다. 회장이 마음대로 결정할 수 있는 것은 오직 가부가 동수일 경우뿐이다. 그 밖에는 표결의 절차에 따라 진행되는 것이며, 표결의 절차는 다음과 같다.

(1) 동의

어떤 안건을 심의 끝에 채택하기를 원하는 회원은 동의를 하고 또 다른 회원이 재청을 하면 비로소 성안이 된다. 성안이 된 안건에 대해서는 회장이 회원에게 이의 유무를 물은 다음에 이의가 없으면 가부를 물어 결정한다. 여기에서 조심할 것이 두 가지가 있다. 하나는 동의에 대한 것인데 어떤 안건에 대해서 동의만 있고, 재청이 없을 때는 성안이 되지 않으므로 회장이 가부를 물을 수 없는 것이다. 그러므로 회장으로 하여금 가부를 묻도록 하려면 누군가가 빨리 재청을 해야 한다. 다른 하나는 이의에 대한 것인데 동의에 이의를 가진 회원은 동의와 재청이 있은 다음에 회장에게 언권을 얻어 이의를 말할 수 있다. 단, 동의만 있고 재청이 없을 때는 성안이 되지 아니한 것이므로 이의할 필요도 없는 것이다. 동의만 있고 재청도 나오기 전에 성급하게 일어나서 반대 의사를 표명하는 것은 회의법에 어긋나는 것이다.

(2) 개의

동의와 재청으로 성안이 된 안건에 대해서 이의가 있는 회원은 동의의 가부를 묻기 전에 개의를 제기할 수 있다. 물론, 개의에도 재청이 있어야 성안이 된다.

(3) 재개의

동의와 개의를 둘 다 반대하는 회원은 그와 다른 또 하나의 방안을 제기할 수 있다. 이를 재개의라고 하며 여기에도 재청이 따라야 함은 동의, 개의의 경우와 마찬가지이다.

(4) 표결

한 안건에 대해서 동의, 개의, 재개의까지 제기되었을 경우에는 회장이 재개의, 개의, 동의 순으로 가부를 물어 다수로 결정한다. 이러한 경우 회원은 조용히 차례를 기다려 자기 의사를 표명해야 하며, 표결 중에 다른 발언은 할 수 없다.

(5) 변론정지 동의

어떤 안건이 성안되어 있는 데도 불구하고 갑론을박으로 장황한 논전을 벌여 회의 질서가 문란하게 되었다고 인정될 경우에는 회원 중에서 변론정지 동의를 제기할 수 있다. 변론정지 동의가 제기되면 회장은 즉시 가부를 물어야 하며 회원은 이에 순응해야 한다. 변론정지 동의가 성립되었는 데도 불구하고 변론을 계속하는 것은 회의법에 위배된다.

여기에서 조심해야 할 것은 아직 변론의 필요가 있는데 너무 조급하게 변론정지 동의를 제기해서는 안 되며, 설령 조급한 감이 있을지라도 일단 변론정지 동의가 성립된 다음에는 변론은 정지되어야 한다. 단, 변론정지 동의가 부결되면 변론을 계속할 수 있다.

(6) 보류 동의

어떤 안건을 심의 중에 그 안건을 보류하자는 동의가 제기될 경우에는 회장은 즉시 이의 가부를 묻는다. 그 안건이 동의와 재청으로 성안이 되어 가부를 물을 단계일지라도 보류 동의가 제기되면 보류 동의부터 우선적으로 취급해야 한다. 변론정지 동의와 보류 동의에는 이의 없이 즉시 가부를 묻는 것이므로 회원은 가부간 표결에서 자기 의사를 표시해야 하며 다른 발언은 하지 말아야 한다.

(7) 재론 동의

한 번 결정된 사건에 대해서는 재론 동의가 없이는 재론하지 못한다. 재론 동의는 결의 직후에는 제기할 수 없으며, 다른 한 사건을 처리한 후에라야 제기할 수 있되 재석 회원 3분의 2 이상이 찬성해야 재론 동의가 통과된다.

4) 결 의

다수결로 결정이 된 안건은 회장의 가결 선언으로 확정된다. 그러므로 안건을 심의하는 중에 회원은 자기 의사를 충분히 표명해야 하며,

일단 결정된 다음에는 설령 자기의 주장대로 되지 않았다고 할지라도 회에서 결의된 일에는 회원으로서 협조하고 추진하는 것이 마땅하다.

5) 제직회원 사이의 예의

제직들은 제직회원으로서는 동일한 자격을 소유하지만 그들의 개성과 교육과 직업과 연령과 생활수준과 취미는 천차만별이다. 그러므로 조심하지 아니하면 본의 아닌 불화를 조성하여 교회 봉사에 큰 지장을 초래하기 쉽다. 제직된 자는 특별히 다음 몇 가지 점에 피차 조심하는 것이 좋다.

(1) 노소의 문제

제직회원 중에는 연령으로 보아 노년층도 있고 청년층도 있다. 양자간에 피차 예의를 지키면 노년층의 지혜와 청년층의 박력이 조화를 이루어 제직회가 교회 발전에 큰 동력기관이 될 수 있지만, 그렇지 못하면 그와 반대 현상이 나타나게 된다. 그러므로 청년층 제직은 노년층 제직의 오랜 공로와 풍부한 경험과 원숙한 지혜를 인정하고, 그들을 존경하며 받들어야 한다. 그리고 연장자들은 연하자들을 자녀처럼 아껴 설령 미숙한 일이 있을지라도 권고하고 위로하며 또 격려하여 좋은 일꾼이 되도록 지도해야 한다. 조금 실수가 있다고 해서 여러 사람이 보는 면전에서 연하자라는 이유로 젊은이들을 무자비하게 책망하는 것은 천만부당한 것이다. 이러한 표현은 자기 가정에서 자기 자녀에게도 통하지 않을 일인데 하물며 교회 안에서 같은 제직회원끼리 통할 리가 없다. 이러한 사람이 한 사람만 있어도 교회의 분위기가 흐려진다. 그러므로 연장자들도 조심해야 한다.

(2) 주류(主流), 비주류(非主流)의 문제

제직회원 중에는 선배 회원도 있고 신입 회원도 있다. 신입 회원 중에는 다른 교회에서 이주해 온 사람도 포함된다. 여기에 문제점이 있기 쉽다. 그것은 선배 회원들이 텃세를 하고 배타적으로 나오거나 신입 회원들이 득세하여 선배 회원들이 도태될 경우에 발생하는 것이다. 그렇게 되면 교회가 암초에 걸리게 된다. 그러므로 피차 조심해야 된다. 교회는 어느 특정인의 소유물이 아니다. 선배이거나 신입이거나를 막론하고 어느 한 쪽만이 교회의 주권을 독점하려는 것은 용납될 수 없다. 그러므로 선배 회원들은 편협한 배타심을 버리고 신입 회원들을 포섭하여 교회의 자력을 더 증강해 나가려는 아량이 있어야 하며, 신입 회원들은 선배 회원들의 공적을 인정하고 존경하며 함께 봉사하려는 협동심이 있어야 한다.

그리스도께서 몸 버려 피흘려 세우신 교회 안에서 제직들 사이에 주류, 비주류의 암투가 있어서는 부끄러운 일이다. 교회는 교인 모두의 것이다. 그리고 제직회원이면 누구나 교회 일에 참여할 권리와 의무가 있음을 알아야 한다.

(3) 책임 분담의 문제

하나님은 인간을 독재자로 창조하신 것이 아니라 협동자로 창조하셨다. 그러기에 인간이 만일 독재자가 되면 그 자신과 국민이 다같이 불행하게 되는 법이다. 이 원리는 교회의 경우도 마찬가지이다. 그러므로 지혜 있는 사람이라면 누구도 독재자가 되지 말아야 하며, 또 독재자를 만들지도 말아야 한다. 그러려면 첫째, 한 사람에게 너무 여러 가지 책임을 맡기지 말아야 하며 둘째, 한 사람이 같은 직책을 너무 오래 붙잡고 있지도 말아야 한다.

물론, 작은 교회에서는 어쩔 수 없는 일이겠지만 일꾼이 있는 교회에서는 될 수 있는 대로 책임을 분담시키는 것이 현명한 교회 행정이다. 한 사람에게만 너무 여러 가지 책임을 맡겨 버리면 그 사람의 비중과 발언권은 너무 강력해지고 그 밖의 사람들은 너무 약화될 우려가 있다. 사태가 이에 이르면 독재자를 양성하는 격이 된다. 그리고 한 사람이 같은 직책에 너무 오래 머물러 있는 것도 좋은 일이 아니다. 만일, 한 사람이 같은 직책에 너무 오래 있으면 그 사람은 그 일에 대해 도사가 될지 모르지만 다른 제직들은 언제나 그 일에 대해 문외한이 될 수밖에 없다. 이렇게 되면 여기에도 독재의 소지가 마련되는 것이다.

물론 그렇다고 해서 다 독재자가 된다는 것은 아니다. 그러나 설령 독재적인 처사를 아니한다고 하더라도 다른 제직 중에 이를 불만스럽게 여기는 자가 생기기 쉽고, 이로 인해서 교회 안에 불화가 조성될 우려가 없지 않다. 그러므로 할 수 있으면 책임은 서로 분담하도록 해야 한다.

◆ 복 습(질의 응답)

1. 제직회의 회원은 누구누구인가?

   ……………………………………………………………………………………

2. 제직회 소집은 어떻게 하는가?

   ……………………………………………………………………………………

3. 제직회 개회 성수는 어떻게 되는가?

   ……………………………………………………………………………………

4. 제직회의 결의사항을 써보자.

   ① ……………………………………………………………………………

   ② ……………………………………………………………………………

5. 회의법이 왜 필요한가?

   ……………………………………………………………………………………

6. 제직회원 사이에서는 어떻게 예의를 지켜야 하는가?

   ……………………………………………………………………………………

7. 제직회의 현황을 심도 있게 토의해 보자.